ÜLIMAALNE APTEEKTILI KOKAPAAMAT

Vabastage apteegitilli maitse ja mitmekülgsus 100 maitsva retseptiga

Galina Põder

Autoriõigus materjal ©2024

Kõik õigused kaitstud

Ühtegi selle raamatu osa ei tohi mingil kujul ega vahenditega kasutada ega edastada ilma kirjastaja ja autoriõiguse omaniku nõuetekohase kirjaliku nõusolekuta, välja arvatud ülevaates kasutatud lühikesed tsitaadid. Seda raamatut ei tohiks pidada meditsiiniliste, juriidiliste või muude professionaalsete nõuannete asendajaks.

SISUKORD

SISUKORD 3
SISSEJUHATUS 6
HOMMIKUSÖÖK 7
   1. Apteegitilliseemnete rukkibagelid 8
   2. Tortas De Aceite 10
   3. Õhufritüür Hommikusöögipajaroog 13
   4. Viie vürtsiga pannkoogid 15
   5. Apteegitilli, vorsti ja kartulihash 17
   6. Apteegitilli ja tomati hommikusöök Omlett 19
   7. Apteegitilli ja suitsulõhe hommikusalatit 21
   8. Apteegitilli ja vorsti hommikusöögihašš 23
   9. Apteegitilli ja spinati hommikusöök Omlett 25
  10. Apteegitilli ja kitsejuustu hommikusöögi tart 27
  11. Apteegitilli ja õuna hommikusöögisalat 29
  12. Apteegitilli ja Ricotta hommikusöögi röstsai 31
  13. Apteegitilli ja kartuli hommikusöögiks Omlett muffinid 33
SUUPÄID JA SUUPÖÖD 35
  14. Itaalia apteegitill Taralli 36
  15. Apteegitilli ja sibula kreekerid 38
  16. Apteegitilli ja kitsejuust Crostini 41
  17. Apteegitilli- ja porgandipulgad jogurti kastmega 43
  18. Apteegitill ja oliiv Tapenade Bruschetta 45
  19. Apteegitilli ja apelsini salat 47
  20. Apteegitilli ja suitsulõhe suupisted 49
  21. Apteegitilli ja avokaado salsa 51
  22. Apteegitilli ja Ricotta täidisega seened 53
  23. Apteegitilli ja kikerherne hummus 55
  24. Apteegitilli ja kitsejuustu täidisega datlid 57
  25. Apteegitilli ja päikesekuivatatud tomatite tapenade Crostini ... 59
VÕILEIVAD JA MÄHISED 61
  26. Tempura kalaburger apteegitilliga 62
  27. Grillitud apteegitilli ja kana võileib 65
  28. Apteegitilli ja õuna kalkuniburgerid 67
  29. Apteegitilli ja röstitud köögiviljade ümbris 69
  30. Apteegitilli ja suitsulõhe mähis 71
  31. Apteegitilli ja pesto kanavõileib 73
  32. Apteegitilli ja valge oa burger 75
  33. Apteegitilli ja õuna slaw Mähis 77

34. Apteegitilli ja rostbiifi panini 79
PÕHIROOG 81
35. BBQ Lionfish apelsini ja apteegitilli slawiga 82
36. Hispaania makrell grillitud õunte ja peediga 84
37. Peachy basiiliku kana ja riisi kausid 86
38. Kana-, porru- ja seenepirukas 88
39. Apteegitill seente ja prosciuttoga 91
40. Suitsulõhe ravioolid röstitud sibulaga 94
41. Kõrvitsa karri vürtsikate seemnetega 98
42. Grillitud kõrvitsa- ja õllevorstid 100
43. Taimne apteegitilli paella 102
44. Grillitud lõhe apteegitilli salatiga 104
45. Röstitud juurtega pitsa 106
46. Apteegitilli risoto pistaatsiapähklitega 109
47. Apteegitilli ja herne risoto 111
KÜLJED 113
48. Apteegitilli gratin Robiolaga 114
49. Safrani apteegitilli sous vide 116
50. Röstitud apteegitill parmesaniga 118
51. Apteegitilli- ja kartuligratiin 120
52. Praetud apteegitill sidruni ja küüslauguga 122
53. Apteegitilli ja apelsini salat rukolaga 124
54. Apteegitilli ja roheliste ubade segamine 126
55. Kreemjas apteegitilli ja kartulisupp 128
56. Apteegitilli ja Radicchio salat tsitruselise vinegretiga 130
57. Hautatud apteegitill küüslaugu ja sidruniga 132
58. Apteegitilli ja porgandi salat õunasiidri vinegretiga 134
59. Apteegitilli ja Farro salat sidruni-ürdikastmega 136
SUPID 138
60. Apteegitillisupp söödavate lilledega 139
61. Homaar apteegitill Bouillabaisse 141
62. Itaalia kana ravioolisupp 144
63. Kalahautis tšilliga 146
64. Spirulina kreemjas lillkapsasupp 148
65. Kreemjas apteegitilli ja kartulisupp 150
66. Apteegitilli ja porrulaugusupp ürdikrutoonidega 152
67. Apteegitilli ja porgandisupp ingveriga 154
68. Kreemjas apteegitilli ja kartulisupp 156
69. Maitsestatud apteegitilli ja läätsesupp 158
70. Apteegitilli ja tomati supp basiiliku pestoga 160
SALATID 162
71. Siguri- ja tsitruseliste salat hakitud apteegitilliga 163
72. Tuunikala ja valge oa salat 165

73. Peedi apteegitilli salat 168
74. Goji suvine salat 170
75. Apteegitilli ja apelsini salat rukolaga 172
76. Raseeritud apteegitilli ja õunasalat 174
77. Apteegitilli, redise ja tsitruseliste salat piparmündiga 176
78. Apteegitilli, avokaado ja greibi salat 178
79. Apteegitilli, peedi ja kitsejuustu salat 180
80. Tsitrusviljade apteegitilli salat mee-laimi kastmega 182
81. Apteegitilli, granaatõuna ja kinoa salat 184

MAGUSTOIT 186
82. Apteegitilli Tres Lechesi kook suviste marjadega 187
83. Röstitud pirni ja sinihallitusjuustu suflee 191
84. Apteegitilli ja apelsini sorbett 194
85. Apteegitill ja mesi Panna Cotta 196
86. Apteegitilli ja sidruni muretaigna küpsised 198
87. Apteegitilli ja mandli kook 200

MAITSED 202
88. Marineeritud granaatõun , apteegitill ja kurk 203
89. Apteegitilli mango hapukurk 205
90. Apteegitilli ananassi hapukurk 207
91. Kiivi ja apteegitilli hapukurk 209
92. Apteegitilli ja õuna chutney 211
93. Apteegitilli ja apelsini marmelaad 213
94. Apteegitilli ja sinepi maitse 215

JOOGID 217
95. Vaarika ja apteegitilli limonaad 218
96. Roosi, cantaloupe ja apteegitilli värskendaja 220
97. Kummeli ja apteegitilli tee 222
98. Apelsini-apteegitilli kombucha 224
99. Lavendli- ja apteegitilliseemnete tee 226
100. Apteegitilli seemnete karminatiivne tee 228

KOKKUVÕTE 230

SISSEJUHATUS

Tere tulemast raamatusse "Ülimaalne Apteektili Kokapaamat", kus kutsume teid astuma kulinaarsele teekonnale, et vallandada apteegitilli maitse ja mitmekülgsus 100 maitsva retsepti kaudu. Iseloomuliku lagritsalaadse maitse ja karge tekstuuriga apteegitill on mitmekülgne ja alahinnatud koostisosa, mis lisab sügavust ja keerukust paljudele roogadele. Selles kokaraamatus tähistame apteegitilli kulinaarset potentsiaali, tutvustades selle ainulaadset maitseprofiili nii traditsioonilistes kui ka uuenduslikes retseptides.

Sellest kokaraamatust leiate hulgaliselt retsepte, mis tõstavad esile apteegitilli hõrgu maitse ja mitmekülgsuse. Alates värskendavatest salatitest ja aromaatsetest suppidest kuni soolaste põhiroogade ja dekadentlike magustoituedeni – iga retsept on loodud selleks, et tutvustada selle armastatud koostisosa erinevaid kulinaarseid rakendusi. Olenemata sellest, kas olete kogenud kokk või kodukokk, kes soovib katsetada uusi maitseid, on selles kollektsioonis midagi, mida nautida.

" Ülimaalne Apteektili Kokapaamat " eristab seda, et see keskendub loovusele ja uurimisele. Kuigi apteegitilli kasutatakse roogade valmistamisel sageli toetava elemendina, asetab see kokaraamat selle tähelepanu keskpunkti, võimaldades selle ainulaadsel maitsel särada erinevates kulinaarsetes kontekstides. Kergesti järgitavate juhiste ja kasulike näpunäidete abil saate inspiratsiooni lisada apteegitilli oma toiduvalmistamise repertuaari põnevatel uutel viisidel, lisades oma lemmikroogadele sügavust ja keerukust.

Kogu sellest kokaraamatust leiate praktilisi nõuandeid apteegitilli valimise, säilitamise ja valmistamise kohta, aga ka suurepäraseid fotograafia, mis inspireerib teie kulinaarset loomingut. Olenemata sellest, kas teete süüa nädalaõhtuseks õhtusöögiks, võõrustate külalisi või naudite lihtsalt kodus maitsvat einet, sisaldab " Ülimaalne Apteektili Kokapaamat " kõike, mida vajate selle mitmekülgse ja maitseka koostisosa maksimaalseks kasutamiseks.

HOMMIKUSÖÖK

1.Apteegitilliseemnete rukkibagelid

KOOSTISOSAD:
- 2 tassi leivajahu
- 1 tass rukkijahu
- 1 spl apteegitilli seemneid
- 1 spl soola
- 1 spl aktiivset kuivpärmi
- 1 spl mett
- 1 ½ tassi sooja vett
- Maisijahu tolmutamiseks

JUHISED:
a) Segage suures segamiskausis leivajahu, rukkijahu, apteegitilli seemned, sool ja pärm.
b) Lisa mesi ja soe vesi ning sega, kuni moodustub kleepuv tainas.
c) Sõtku tainast jahusel pinnal 10-15 minutit, kuni see muutub ühtlaseks ja elastseks.
d) Asetage tainas võiga määritud kaussi ja katke kilega. Lase 1 tund soojas kohas kerkida.
e) Kuumuta ahi temperatuurini 425 °F (220 °C) ja aja suur pott vett keema.
f) Jaga tainas 5 võrdseks tükiks ja vormi neist bagelid. Aseta bagelid maisijahuga ülepuistatud ahjuplaadile.
g) Keeda bageleid mõlemalt poolt 2 minutit ja seejärel tõsta need tagasi küpsetusplaadile.
h) Pintselda bagelid munapesuga ja puista peale soovi korral veel köömneid.
i) Küpseta bageleid 20-25 minutit, kuni need on kuldpruunid ja läbi küpsenud.

2. Tortas De Aceite

KOOSTISOSAD:
- 1 ½ kuni 2 ½ tassi Itaalia 00 jahu või koogijahu
- 1 tl meresoola
- 2 tl apteegitilli seemneid
- ½ tassi Hispaania ekstra neitsioliiviõli pluss veel küpsetusplaatide jaoks
- ⅔ tassi sooja vett
- 3 spl toorsuhkrut pluss veel puistamiseks
- 2 tl aktiivset kuiv- või kiirpärmi
- Tolmutamiseks mõeldud kondiitri suhkur
- Universaalne jahu tööpinnale
- 1 suur lahtiklopitud munavalge

JUHISED:
a) Kuumuta ahi temperatuurini 450 °F (230 °C).
b) Segage suures kausis 1,5 tassi jahu (180 g), soola ja apteegitilliseemneid.
c) Vala õli mõõtetopsi või teise vett sisaldavasse kaussi, sega hulka suhkur ja pärm ning sega korralikult läbi. Lase paar minutit puhata, kuni see muutub vahuseks.
d) Tee jahusegu keskele süvend ja vala aeglaselt sisse pärmisegu, segades kahvliga järk-järgult jahu. Kui kõik hakkab kokku tulema, sega see kätega ühtlaseks tainaks. Kui tainas on pagana kleepuv, lisage osa või kõik ülejäänud 1 tass jahust vähehaaval, kuni moodustub ühtlane tainas. On täiesti võimalik, et peate lisama vähemalt ½ tassi ja sama palju kui terve 1 tassi.
e) Õlita kergelt 2 suurt küpsetusplaati ja puista need seejärel kondiitri suhkruga üle. Jahutage puhas tööpind ja taignarull kergelt universaalse jahuga.
f) Jagage tainas 12 võrdse suurusega tükiks ja vormige igaüks neist palliks. Rullige iga pall lahti, kuni see on peaaegu poolläbipaistev ja umbes 4 tolli läbimõõduga.
g) Aseta iga torta ahjuplaadile ja pintselda kergelt lahtiklopitud munavalgega. Puista tainas kergelt üle kondiitrisuhkruga ja seejärel veidi toorsuhkruga.
h) Küpseta 5–12 minutit või kuni see on kuldne ja krõbe. Jälgige tortasid tähelepanelikult, sest need võivad sekunditega kõrbeda.
i) Tõsta tortad kohe restidele jahtuma ja krõbedaks.
j) Söö soojalt või toatemperatuuril. Tordid murenevad hammustamisel helbeliseks armsaks ja lahustuvad seejärel mõne sekundi jooksul kiiresti magusaks eimiskiks. Nii armas.

3. Õhufritüür Hommikusöögipajaroog

KOOSTISOSAD:
- 1 nael. Jahvatatud vorst
- 1 tl apteegitilli seemet
- 1 kuubikuteks lõigatud roheline paprika
- ½ tassi Colby Jacki juustu, tükeldatud
- ¼ tassi sibulat, kuubikuteks lõigatud
- 8 tervet muna, pekstud
- ½ tl küüslaugusoola

JUHISED:
a) Kasutades õhkfritüüri pannfunktsiooni, lisage sibul ja pipar ning küpseta koos jahvatatud vorstiga, kuni köögiviljad on pehmed ja vorst on küpsenud.
b) Kasutades Air Fryeri panni, piserdage sellele mittenakkuva küpsetusspreiga.
c) Aseta jahvatatud vorstisegu panni põhja. Kõige peale juustu.
d) Vala lahtiklopitud munad ühtlaselt juustu ja vorsti peale.
e) Lisa apteegitilliseemned ja küüslaugusool ning küpseta 15 minutit 390 kraadi juures.

4.Viie vürtsiga pannkoogid

KOOSTISOSAD:
- 1 tass universaalset jahu
- 2 supilusikatäit granuleeritud suhkrut
- 1 tl küpsetuspulbrit
- ½ tl söögisoodat
- ¼ teelusikatäit soola
- ½ tl jahvatatud kaneeli
- ½ tl jahvatatud ingverit
- ¼ tl jahvatatud nelki
- ¼ tl jahvatatud apteegitilli seemneid
- ¼ tl jahvatatud tähtaniisi
- 1 tass petipiima
- ½ tassi piima
- 1 suur muna
- 2 spl sulatatud võid

JUHISED:
a) Vahusta suures kausis jahu, suhkur, küpsetuspulber, sooda, sool, kaneel, ingver, nelk, apteegitilli seemned ja tähtaniis.
b) Klopi teises kausis kokku petipiim, piim, muna ja sulavõi.
c) Valage märjad koostisosad kuivade koostisosade hulka ja segage, kuni need on lihtsalt segunenud.
d) Kuumutage mittenakkuvat pann või küpsetusplaat keskmisel kuumusel ja määrige see kergelt õliga.
e) Valage iga pannkoogi jaoks pannile ¼ tassi tainast. Küpseta, kuni pinnale tekivad mullid, seejärel keerake ümber ja küpseta veel 1-2 minutit.
f) Korrake ülejäänud taignaga. Serveeri pannkoogid tuhksuhkru ja tilga meega.

5.Apteegitilli, vorsti ja kartulihash

KOOSTISOSAD:
- 1 apteegitilli sibul, õhukeselt viilutatud
- 2 kartulit, tükeldatud
- 1 sibul, tükeldatud
- 2 küüslauguküünt, hakitud
- 2-3 Itaalia vorsti, kestad eemaldatud
- Sool ja pipar maitse järgi
- Oliiviõli toiduvalmistamiseks
- Värsked ürdid (nt petersell või tüümian), hakitud (valikuline)
- Munad (valikuline, serveerimiseks)

JUHISED:
a) Kuumuta oliiviõli suurel pannil keskmisel kuumusel. Lisa kuubikuteks lõigatud kartulid ja küpseta, kuni need hakkavad pruunistuma, umbes 8-10 minutit.
b) Lisage pannile viilutatud apteegitill, tükeldatud sibul ja hakitud küüslauk. Küpseta aeg-ajalt segades, kuni köögiviljad on pehmenenud ja kergelt karamelliseerunud, umbes 8-10 minutit.
c) Samal ajal küpseta teises pannil Itaalia vorstikesi keskmisel kuumusel, purustades need lusikaga väiksemateks tükkideks, kuni need on pruunistunud ja läbi küpsenud.
d) Kui köögiviljad on keedetud ja vorstid pruunistunud, segage need pannil köögiviljadega. Sega korralikult läbi ja maitsesta maitse järgi soola ja pipraga.
e) Soovi korral tehke räsi sisse süvendid ja purustage neisse munad. Katke pann kaanega ja küpseta, kuni munad on teie maitse järgi küpsed.
f) Serveeri apteegitilli, vorsti ja kartuliräsi kuumalt, soovi korral kaunistatud hakitud värskete ürtidega.

6. Apteegitilli ja tomati hommikusöök Omlett

KOOSTISOSAD:
- 1 apteegitilli sibul, õhukeselt viilutatud
- 1 sibul, õhukeselt viilutatud
- 2 tomatit, tükeldatud
- 6 muna
- 1/4 tassi piima või koort
- Sool ja pipar maitse järgi
- Oliiviõli toiduvalmistamiseks
- Riivitud juust (nt parmesan või cheddar), valikuline

JUHISED:
a) Kuumuta ahi temperatuurini 350 °F (175 °C).
b) Kuumuta oliiviõli ahjukindlal pannil keskmisel kuumusel. Lisage pannile viilutatud apteegitill ja sibul ning küpseta, kuni need on pehmenenud ja kergelt karamelliseerunud, umbes 8-10 minutit.
c) Lisa pannile tükeldatud tomatid ja küpseta veel 2-3 minutit.
d) Vahusta segamisnõus munad, piim või koor, sool ja pipar.
e) Vala munasegu pannil olevatele köögiviljadele, jälgides, et need jaotuks ühtlaselt.
f) Küpseta Omlettt pliidiplaadil 3-4 minutit, kuni servad hakkavad tahenema.
g) Soovi korral puista Omlett peale riivjuustu.
h) Tõsta pann eelsoojendatud ahju ja küpseta 12-15 minutit või kuni Omlett on hangunud ja pealt kergelt kuldne.
i) Võta ahjust välja ja lase enne viilutamist ja serveerimist veidi jahtuda.

7. Apteegitilli ja suitsulõhe hommikusalatit

KOOSTISOSAD:
- 1 apteegitilli sibul, õhukeselt viilutatud
- 1 õun, õhukeselt viilutatud
- 4 untsi suitsulõhet, viilutatud
- 2 tassi segatud rohelisi
- 1/4 tassi hakitud kreeka pähkleid või mandleid
- 1 sidruni mahl
- Oliiviõli
- Sool ja pipar maitse järgi

JUHISED:
a) Segage suures kausis viilutatud apteegitill, õun, segatud rohelised ja hakitud pähklid.
b) Nirista salatile oliiviõli ja sidrunimahla ning maitsesta maitse järgi soola ja pipraga. Segamiseks segage õrnalt.
c) Jaga salat serveerimistaldrikutele ja tõsta igale portsjonile suitsulõhe viilud.
d) Serveeri apteegitilli ja suitsulõhe hommikusalatit kohe, soovi korral lisandiks lemmikhommikuseib või röstsai.

8. Apteegitilli ja vorsti hommikusöögihašš

KOOSTISOSAD:
- 1 spl oliiviõli
- 1 nael hommikusöögivorsti, ümbris eemaldatud
- 1 suur kartul, tükeldatud
- 1 väike sibul, tükeldatud
- 1 apteegitilli sibul, õhukeselt viilutatud
- 1 tl apteegitilli seemneid
- Sool ja pipar, maitse järgi
- 4 muna
- Värske petersell, hakitud (kaunistuseks)

JUHISED:
a) Kuumuta oliiviõli suurel pannil keskmisel kuumusel. Lisa hommikuvorst ja küpseta seda lusikaga laiali murdes, kuni see on pruunistunud ja läbi küpsenud.
b) Lisa pannile tükeldatud kartul ja küpseta aeg-ajalt segades kuldpruuniks ja pehmeks.
c) Sega juurde tükeldatud sibul ja viilutatud apteegitilli sibul. Keeda kuni pehmenemiseni.
d) Lisage maitse järgi apteegitilli seemneid, soola ja pipart. Küpseta veel 2-3 minutit, et maitsed sulaksid.
e) Tehke räsi segusse neli süvend ja lööge igasse süvendisse muna. Kata pann kaanega ja küpseta, kuni munad on soovitud küpsusastmele seatud.
f) Serveeri hommikusöögiräsi kuumalt, kaunistatud värske hakitud peterselliga.

9.Apteegitilli ja spinati hommikusöök Omlett

KOOSTISOSAD:
- 8 muna
- 1 apteegitilli sibul, õhukeselt viilutatud
- 2 tassi beebispinati lehti
- 1/2 tassi riivitud parmesani juustu
- 2 spl oliiviõli
- Sool ja pipar, maitse järgi

JUHISED:
a) Kuumuta ahi temperatuurini 375 ° F (190 ° C).
b) Kuumuta oliiviõli ahjukindlal pannil keskmisel kuumusel. Lisa viilutatud apteegitill ja küpseta, kuni see on pehmenenud, umbes 5 minutit.
c) Lisa pannile beebispinati lehed ja küpseta, kuni need on närbunud.
d) Vahusta kausis munad, riivitud parmesani juust, sool ja pipar.
e) Vala munasegu pannile keedetud apteegitilli ja spinati peale. Segage õrnalt, et koostisosad jaguneksid ühtlaselt.
f) Küpseta Omlettt pliidiplaadil 3-4 minutit, kuni servad hakkavad tahenema.
g) Tõsta pann eelsoojendatud ahju ja küpseta 10-12 minutit või kuni Omlett on tahenenud ja pealt kuldpruun.
h) Võta ahjust välja ja lase enne viilutamist ja serveerimist veidi jahtuda.

10. Apteegitilli ja kitsejuustu hommikusöögi tart

KOOSTISOSAD:
- 1 leht külmutatud lehttainast, sulatatud
- 1 apteegitilli sibul, õhukeselt viilutatud
- 4 untsi kitsejuustu, purustatud
- 2 supilusikatäit mett
- Värsked tüümianilehed, kaunistuseks
- Sool ja pipar, maitse järgi

JUHISED:
a) Kuumuta ahi temperatuurini 400 °F (200 °C).
b) Rulli sulatatud lehttainas kergelt jahusel pinnal ristkülikuks. Tõsta see pärgamendiga kaetud ahjuplaadile.
c) Laota õhukesteks viiludeks lõigatud apteegitill lehttaignale, jättes servade ümber äärise.
d) Puista murendatud kitsejuust ühtlaselt apteegitilliviiludele. Nirista peale mett.
e) Maitsesta soola ja pipraga maitse järgi.
f) Küpseta eelkuumutatud ahjus 20-25 minutit või kuni küpsetis on kuldpruun ja lisandid karamelliseerunud.
g) Võta ahjust välja ja lase veidi jahtuda. Enne serveerimist kaunista värskete tüümianilehtedega. Lõika viiludeks ja naudi soojalt või toatemperatuuril.

11. Apteegitilli ja õuna hommikusöögisalat

KOOSTISOSAD:
- 1 apteegitilli sibul, õhukeselt viilutatud
- 1 õun, õhukeselt viilutatud
- 1/4 tassi röstitud kreeka pähkleid, hakitud
- 2 spl värsket sidrunimahla
- 1 spl mett
- 2 spl ekstra neitsioliiviõli
- Sool ja pipar, maitse järgi
- Kaunistuseks värsked peterselli- või apteegitilli lehed

JUHISED:
a) Segage suures kausis viilutatud apteegitill, viilutatud õun ja röstitud kreeka pähklid.
b) Kastme valmistamiseks vahustage väikeses kausis kokku värske sidrunimahl, mesi, ekstra neitsioliiviõli, sool ja pipar.
c) Vala kaste salati koostisosadele ja sega ühtlaseks katteks.
d) Enne serveerimist kaunista salat värske peterselli või apteegitilli lehtedega.

12. Apteegitilli ja Ricotta hommikusöögi röstsai

KOOSTISOSAD:
- 4 viilu täisteraleiba, röstitud
- 1 apteegitilli sibul, õhukeselt viilutatud
- 1/2 tassi ricotta juustu
- 1 sidruni koor
- 1 spl hakitud värsket tilli
- Sool ja pipar, maitse järgi
- Oliiviõli, niristamiseks

JUHISED:
a) Sega väikeses kausis kokku ricotta juust, sidrunikoor, hakitud värske till, sool ja pipar.
b) Määri ricottasegu ühtlaselt röstitud täisteraleivaviiludele.
c) Katke iga röstsai õhukeseks viilutatud apteegitilliga.
d) Nirista peale oliiviõli ning soovi korral puista peale veel soola ja pipart.
e) Serveeri apteegitilli ja ricotta hommikusöögi röstsaiad kohe.

13.Apteegitilli ja kartuli hommikusöögiks Omlett muffinid

KOOSTISOSAD:
- 6 suurt muna
- 1 apteegitilli sibul, peeneks tükeldatud
- 1 väike kartul, kooritud ja kuubikuteks lõigatud
- 1/4 tassi riivitud parmesani juustu
- 2 spl hakitud värsket peterselli
- Sool ja pipar, maitse järgi
- Küpsetussprei või oliiviõli, muffinivormi määrimiseks

JUHISED:
a) Kuumuta ahi temperatuurini 375 ° F (190 ° C). Määri muffinivorm küpsetussprei või oliiviõliga.
b) Vahusta kausis munad, riivitud parmesani juust, hakitud värske petersell, sool ja pipar.
c) Jaga peeneks tükeldatud apteegitill ja kartul ühtlaselt muffinitopside vahel.
d) Vala munasegu igasse muffinitopsi apteegitilli ja kartuli peale, täites peaaegu tipuni.
e) Küpseta eelkuumutatud ahjus 20-25 minutit või kuni Omlett muffinid on hangunud ja pealt kuldpruunid.
f) Võta ahjust ja lase enne muffinivormist välja võtmist veidi jahtuda. Serveeri soojalt või toatemperatuuril.

SUUPÄID JA SUUPÖÖD

14.Itaalia apteegitill Taralli

KOOSTISOSAD:
- 3 tassi universaalset jahu
- 1 tl soola
- 1 tl musta pipart
- 1 tl apteegitilli seemneid
- ¼ tassi ekstra neitsioliiviõli
- 1 tass kuiva valget veini

JUHISED:
a) Kuumuta ahi temperatuurini 350 °F (175 °C) ja vooderda küpsetusplaat küpsetuspaberiga.
b) Sega suures kausis jahu, sool, must pipar ja apteegitilli seemned.
c) Lisa kaussi oliiviõli ja sega, kuni see on hästi segunenud.
d) Lisa vähehaaval valge vein, sega, kuni moodustub tainas.
e) Tõsta tainas jahusel pinnale ja sõtku paar minutit ühtlaseks.
f) Jagage tainas väikesteks tükkideks ja rullige iga tükk umbes ½ tolli paksuseks ja 4–6 tolli pikkuseks köiekujuliseks.
g) Vormi igast köiest kringlikujuline nöör, vajutades kinnitamiseks otsad kokku.
h) Aseta kringlid ettevalmistatud ahjuplaadile.
i) Küpseta 20-25 minutit või kuni kuldpruunini.
j) Enne serveerimist lase tarallil jahtuda.

15. Apteegitilli ja sibula kreekerid

KOOSTISOSAD:
- 2 tassi universaalset jahu
- 2 supilusikatäit apteegitilli seemneid
- 1½ teelusikatäit soola
- 1 tl musta pipart
- ¼ tassi pluss 2 supilusikatäit lühendamist
- 2 supilusikatäit (¼ pulga) võid või margariini, pehmendatud
- 1¼ tassi hakitud sibulat (umbes üks keskmine sibul)
- 2 spl Vett

JUHISED:
a) Kuumuta ahi temperatuurini 375 °F (190 °C).
b) Alustage apteegitilli seemnete jämedast jahvatamist. Võite kasutada toiduveski või blenderit või hakkida neid käsitsi noaga. Võimalik, et soovite jahvatada suurema partii, et need oleksid tulevaste retseptide jaoks käepärast. Kui soovite tugevamat apteegitilli maitset, jahvatage kreekerite peale puistamiseks lisaseemneid.
c) Sega köögikombainis või suures segamiskausis universaalne jahu, jahvatatud apteegitilli seemned, sool ja must pipar.
d) Tükeldage pehmendatud võid, kuni segu meenutab jämedat jahu.
e) Sega juurde hakitud sibul ja lisa siis nii palju vett, et moodustuks ühtlane tainas, mis püsib koos ühtsena pallina.
f) Jaga tainas rullimiseks 2 võrdseks osaks.
g) Rulli iga osa jahusel pinnal või kondiitrirätikul ⅛ kuni ¼ tolli paksuseks ristkülikuks.
h) Soovi korral puista lahtirullitud tainas kergelt ja ühtlaselt üle täiendavalt jahvatatud apteegitilli seemnetega. Rulli taignarull õrnalt taigna peale, et need sisse suruda.
i) Lõika tainas terava noaga 2-tollisteks ruutudeks ja vii need ruudud määrimata küpsetusplaadile.
j) Torgake iga ruutu 2 või 3 korda kahvli piidega.
k) Küpseta eelkuumutatud ahjus 15–20 minutit või kuni kreekerid muutuvad servadest kuldpruuniks.
l) Pärast küpsetamist eemaldage apteegitilli ja sibula kreekerid ahjust ja laske neil restil jahtuda.
m) Need maitsvad kreekerid on helbed, õrnad ja krõbedad, selge apteegitilli maitsega ja soolase hakklihalisandiga.

16. Apteegitilli ja kitsejuust Crostini

KOOSTISOSAD:
- Baguette, viilutatud
- 1 apteegitilli sibul, õhukeselt viilutatud
- 4 untsi kitsejuustu
- 2 supilusikatäit mett
- Oliiviõli
- Sool ja pipar, maitse järgi

JUHISED:
a) Kuumuta ahi temperatuurini 375 °F (190 °C).
b) Laota baguette'i viilud ahjuplaadile ja pintselda neid kergelt oliiviõliga. Küpseta 8-10 minutit või kuni see on krõbe ja kuldpruun.
c) Kuumuta pannil keskmisel kuumusel veidi oliiviõli. Lisa õhukesteks viiludeks lõigatud apteegitill ja küpseta, kuni see on pehmenenud ja karamelliseerunud, umbes 8-10 minutit. Maitsesta soola ja pipraga.
d) Määri igale röstitud baguette'i viilule kitsejuust.
e) Katke iga crostini karamelliseeritud apteegitilliga.
f) Nirista crostinile mett ja serveeri kohe.

17. Apteegitilli- ja porgandipulgad jogurti kastmega

KOOSTISOSAD:
- 1 apteegitilli sibul, viilutatud kangideks
- 2 porgandit, viilutatud kangideks
- 1 tass kreeka jogurtit
- 1 spl sidrunimahla
- 1 spl hakitud värsket tilli
- Sool ja pipar, maitse järgi

JUHISED:
a) Dipikastme valmistamiseks sega kausis kokku kreeka jogurt, sidrunimahl, hakitud värske till, sool ja pipar.
b) Laota apteegitilli- ja porgandipulgad serveerimisvaagnale.
c) Serveeri apteegitilli ja porgandipulgad koos kastmiseks mõeldud jogurtikastmega.

18.Apteegitill ja oliiv Tapenade Bruschetta

KOOSTISOSAD:
- Baguette, viilutatud
- 1 apteegitilli sibul, peeneks hakitud
- 1/2 tassi Kalamata oliive, kivideta ja tükeldatud
- 2 spl kapparit, tükeldatud
- 2 küüslauguküünt, hakitud
- 2 spl oliiviõli
- 1 spl sidrunimahla
- Sool ja pipar, maitse järgi
- Värske petersell, hakitud (kaunistuseks)

JUHISED:
a) Kuumuta ahi temperatuurini 375 °F (190 °C).
b) Laota baguette'i viilud küpsetusplaadile ja rösti neid ahjus 8-10 minutit või kuni need on krõbedad ja kuldpruunid.
c) Tapenaadi valmistamiseks sega kausis peeneks hakitud apteegitill, hakitud Kalamata oliivid, hakitud kapparid, hakitud küüslauk, oliiviõli, sidrunimahl, sool ja pipar.
d) Tõsta lusikaga apteegitilli ja oliivi tapenaadi igale röstitud baguette'i viilule.
e) Kaunista hakitud värske peterselliga ja serveeri kohe.

19.Apteegitilli ja apelsini salat

KOOSTISOSAD:
- 1 apteegitilli sibul, õhukeselt viilutatud
- 2 apelsini, kooritud ja õhukesteks viiludeks
- 1/4 tassi viilutatud mandleid, röstitud
- 2 spl värsket sidrunimahla
- 2 spl ekstra neitsioliiviõli
- 1 spl mett
- Sool ja pipar, maitse järgi
- Värsked piparmündilehed, kaunistuseks

JUHISED:
a) Sega suures kausis õhukesteks viiludeks lõigatud apteegitill ja apelsinid.
b) Kastme valmistamiseks vahustage väikeses kausis kokku värske sidrunimahl, ekstra neitsioliiviõli, mesi, sool ja pipar.
c) Vala kaste apteegitilli- ja apelsiniviiludele ning viska õrnalt katteks.
d) Tõsta salat serveerimisvaagnale ja puista peale röstitud viilutatud mandleid.
e) Enne serveerimist kaunista värskete piparmündilehtedega.

20. Apteegitilli ja suitsulõhe suupisted

KOOSTISOSAD:
- Baguette viilud, röstitud
- 1 apteegitilli sibul, õhukeselt viilutatud
- 4 untsi suitsulõhet, viilutatud
- 1/4 tassi crème fraîche'i või toorjuustu
- Värske till, kaunistuseks
- Sidrunikoor, kaunistuseks

JUHISED:
a) Määri igale röstitud baguette'i viilule õhuke kiht crème fraîche'i või toorjuustu.
b) Kõige peale tõsta õhukesteks viiludeks lõigatud apteegitilli ja suitsulõhe viilud.
c) Enne serveerimist kaunista värske tilli ja sidrunikoorega.

21.Apteegitilli ja avokaado salsa

KOOSTISOSAD:
- 1 apteegitilli sibul, tükeldatud
- 2 küpset avokaadot, tükeldatud
- 1 tomat, tükeldatud
- 1/4 tassi punast sibulat, peeneks hakitud
- 1 jalapeño pipar, seemnetest puhastatud ja hakitud
- 2 spl värsket laimimahla
- 2 supilusikatäit hakitud värsket koriandrit
- Sool ja pipar, maitse järgi

JUHISED:
a) Sega kausis kuubikuteks lõigatud apteegitill, tükeldatud avokaadod, kuubikuteks lõigatud tomat, hakitud punane sibul ja hakitud jalapeño pipar.
b) Lisa kaussi värske laimimahl ja hakitud värske koriander.
c) Maitsesta soola ja pipraga ning sega õrnalt segamini.
d) Serveeri fenkoli ja avokaado salsat koos tortillakrõpsudega või grillkala või kana lisandina.

22. Apteegitilli ja Ricotta täidisega seened

KOOSTISOSAD:
- 12 suurt seent, varred eemaldatud ja kübarad puhastatud
- 1 apteegitilli sibul, peeneks hakitud
- 1/2 tassi ricotta juustu
- 1/4 tassi riivitud parmesani juustu
- 2 spl leivapuru
- 2 küüslauguküünt, hakitud
- 2 spl hakitud värsket peterselli
- Sool ja pipar, maitse järgi
- Oliiviõli, niristamiseks

JUHISED:
a) Kuumuta ahi temperatuurini 375 °F (190 °C). Määri ahjuvorm oliiviõliga.
b) Sega kausis hakitud apteegitill, ricotta juust, riivitud parmesani juust, riivsai, hakitud küüslauk, hakitud värske petersell, sool ja pipar.
c) Tõsta lusikaga täidis seenekübaratesse ja aseta need ettevalmistatud ahjuvormi.
d) Nirista peale oliiviõli ja küpseta eelkuumutatud ahjus 20-25 minutit või kuni seened on pehmed ja täidis kuldpruun.
e) Serveeri täidetud seeni soojalt maitsva eelroana.

23.Apteegitilli ja kikerherne hummus

KOOSTISOSAD:
- 1 purk (15 untsi) kikerherneid, nõrutatud ja loputatud
- 1 apteegitilli sibul, tükeldatud
- 2 küüslauguküünt, hakitud
- 2 supilusikatäit tahini
- 2 spl värsket sidrunimahla
- 2 spl oliiviõli
- 1/2 tl jahvatatud köömneid
- Sool ja pipar, maitse järgi
- Vesi (vastavalt konsistentsi tagamiseks)
- Valikuline garneering: hakitud värske petersell, paprika

JUHISED:
a) Sega köögikombainis omavahel kikerherned, hakitud apteegitill, hakitud küüslauk, tahini, värske sidrunimahl, oliiviõli, jahvatatud köömned, sool ja pipar.
b) Blenderda ühtlaseks massiks, lisades vajadusel vett, et saavutada soovitud konsistents.
c) Maitse ja vajadusel maitsesta.
d) Tõsta hummus serveerimisnõusse ja kaunista hakitud värske peterselli ja soovi korral puistata paprikaga.
e) Serveeri pitaleiva, kreekerite või kastmiseks värskete köögiviljapulkadega.

24. Apteegitilli ja kitsejuustu täidisega datlid

KOOSTISOSAD:
- 12 Medjool datlit, kivideta
- 4 untsi kitsejuustu
- 1 apteegitilli sibul, õhukeselt viilutatud
- Kallis, tilgutamiseks
- Valikuline garneering: hakitud pistaatsiapähklid

JUHISED:
a) Täitke iga kivideta datli väikese koguse kitsejuustuga.
b) Tõsta iga täidetud datli peale õhukeseks viilutatud apteegitilli viil.
c) Nirista mett täidetud datlitele.
d) Soovi korral kaunistage hakitud pistaatsiapähklitega, et lisada tekstuuri ja maitset.
e) Serveeri magusa ja soolase eelroana või suupistena.

25. Apteegitilli ja päikesekuivatatud tomatite tapenade Crostini

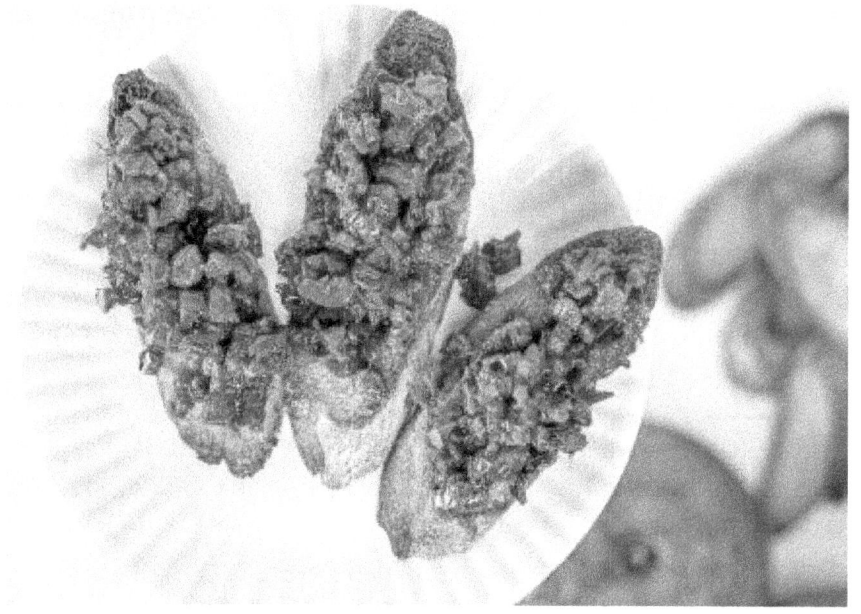

KOOSTISOSAD:
- Baguette, viilutatud ja röstitud
- 1 apteegitilli sibul, peeneks hakitud
- 1/2 tassi päikesekuivatatud tomateid (õlisse pakitud), nõrutatud ja tükeldatud
- 2 spl kapparit, nõrutatud
- 2 küüslauguküünt, hakitud
- 2 spl ekstra neitsioliivõli
- Sool ja pipar, maitse järgi
- Värsked basiilikulehed, kaunistuseks

JUHISED:
a) Sega köögikombainis peeneks hakitud apteegitill, päikesekuivatatud tomatid, kapparid, hakitud küüslauk, ekstra neitsioliivõli, sool ja pipar.
b) Pulse, kuni segu moodustab jäme pasta.
c) Määri apteegitilli ja päikesekuivatatud tomatite tapenaadi igale röstitud baguette'i viilule.
d) Kaunista iga crostini värske basiilikulehega.
e) Serveeri maitsva eelroana või suupistena.

VÕILEIVAD JA MÄHISED

26. Tempura kalaburger apteegitilliga

KOOSTISOSAD:
- 1 tass (250 ml) õunasiidri äädikat
- 2 spl valget suhkrut
- 1 tl sinepiseemneid ja köömneid
- 2 kuivatatud tšillit
- 1 apteegitilli sibul, õhukeselt viilutatud
- 2 Liibanoni kurki, õhukeselt viilutatud
- 1 väike hunnik tilli
- ¾ tassi (225 g) aioli
- Päevalilleõli, friteerimiseks
- 200g tempurajahu, millele lisandub tolmutamine
- 2 keskmist snapperifileed, kondita, kumbki filee pooleks lõigatud
- 4 suurt brioche rulli, röstitud
- Serveerimiseks jääsalat

JUHISED:
a) Sega potis õunaäädikas, valge suhkur, sinepiseemned, köömneseemned, kuivatatud tšilli, 2 tl soolahelbeid ja ¾ tassi (180 ml) vett.
b) Kuumuta segu keemiseni, seejärel alanda kuumust ja hauta 5 minutit. Asetage kuumakindlasse kaussi õhukesteks viiludeks lõigatud apteegitill, kurk ja kolmveerand tillist.
c) Vala neile kuum äädikasegu ning tõsta vähemalt 10 minutiks jahtuma ja kergelt marineerima.
d) Kuumuta päevalilleõli fritüüris või suures potis 190°C-ni (saiakuubik muutub õli piisavalt kuumaks 10 sekundiga kuldseks).
e) Taigna valmistamiseks järgi tempura jahupakendil olevaid juhiseid.
f) Puista kalad kergelt üle jahuga ja määri need taignasse. Prae kalu üks kord keerates 2-3 minutit, kuni need on kuldsed. Nõruta need paberrätikutel.

KOKKU BURGERID:
g) Nõruta pooled hapukurkidest (ülejäänud säilib suletud anumas külmkapis kuni 2 nädalat).
h) Määri röstitud brioche rullide põhjad poole tilli aioliga, seejärel pane peale salat, tempura praekala, hapukurk ja ülejäänud tilli aioli. Lõpuks võile burgerid rullide ülaosaga.
i) Nautige oma maitsvat Tempura kalaburgerit kurgi ja apteegitilli hapukurgiga!

27.Grillitud apteegitilli ja kana võileib

KOOSTISOSAD:
- 2 kondita, nahata kanarinda
- 1 apteegitilli sibul, õhukeselt viilutatud
- 1 spl oliivõli
- Sool ja pipar, maitse järgi
- 4 viilu täistera leiba
- 1/4 tassi kitsejuustu
- 2 supilusikatäit mett
- Peotäis rukolat

JUHISED:
a) Eelkuumuta grill või grillpann keskmisele-kõrgele kuumusele.
b) Pintselda kana rinnad oliivõliga ning maitsesta soola ja pipraga.
c) Grilli kana 5-6 minutit mõlemalt poolt või kuni see on läbi küpsenud. Eemaldage grillilt ja laske puhata.
d) Vahepeal raputa apteegitilli viilud oliivõli, soola ja pipraga. Grilli 2-3 minutit mõlemalt poolt, kuni see on pehme.
e) Rösti täistera leivaviile.
f) Määri röstitud saiaviiludele kitsejuust. Nirista meega.
g) Tükelda grillkana ja pane peale kitsejuust.
h) Kõige peale tõsta grillitud apteegitill ja rukola.
i) Sulgege võileib ja serveerige kohe.

28. Apteegitilli ja õuna kalkuniburgerid

KOOSTISOSAD:
- 1 nael jahvatatud kalkun
- 1 apteegitilli sibul, riivitud
- 1 õun, riivitud
- 1/4 tassi riivsaia
- 1 muna
- 2 küüslauguküünt, hakitud
- 1 tl kuivatatud tüümiani
- Sool ja pipar, maitse järgi
- Burgeri kuklid
- Soovi korral lisandid: salat, tomat, majonees

JUHISED:
a) Sega suures kausis jahvatatud kalkuniliha, riivitud apteegitill, riivitud õun, riivsai, muna, hakitud küüslauk, kuivatatud tüümian, sool ja pipar.
b) Sega ühtlaseks, seejärel vormi burgerikotletid.
c) Kuumuta grill või grillpann keskmisel kuumusel. Küpseta burgereid 5-6 minutit mõlemalt küljelt või kuni need on läbi küpsenud.
d) Rösti soovi korral grillil burgeri kukleid.
e) Valmista burgerid koos valikuliste lisanditega ja serveeri kuumalt.

29. Apteegitilli ja röstitud köögiviljade ümbris

KOOSTISOSAD:
- 1 apteegitilli sibul, õhukeselt viilutatud
- 1 punane paprika, õhukeselt viilutatud
- 1 kollane paprika, õhukeselt viilutatud
- 1 suvikõrvits, õhukesteks viiludeks
- 1 sibul, õhukeselt viilutatud
- 2 spl oliiviõli
- Sool ja pipar, maitse järgi
- 4 suurt täistera mähisi
- 1/2 tassi hummust
- Peotäis beebispinatit

JUHISED:
a) Kuumuta ahi temperatuurini 400 °F (200 °C).
b) Asetage küpsetusplaadile viilutatud apteegitill, paprika, suvikõrvits ja sibul. Nirista peale oliiviõli ning maitsesta soola ja pipraga. Viska mantlile.
c) Rösti köögivilju eelkuumutatud ahjus 20-25 minutit või kuni need on pehmed ja kergelt karamelliseerunud.
d) Soojad täistera mähisid ahjus või mikrolaineahjus.
e) Määri hummus ühtlaselt igale ümbrisele.
f) Aseta hummuse peale röstitud köögiviljad ja beebispinat.
g) Rulli mähisid tihedalt kokku, soovi korral lõika pooleks ja serveeri.

30. Apteegitilli ja suitsulõhe mähis

KOOSTISOSAD:
- 4 suurt täistera mähist
- 8 untsi suitsulõhet
- 1 apteegitilli sibul, õhukeselt viilutatud
- 1/2 tassi kreeka jogurtit
- 2 spl värsket tilli, hakitud
- 2 spl kapparit, nõrutatud
- 1 sidruni koor ja mahl
- Sool ja pipar, maitse järgi

JUHISED:
a) Sega väikeses kausis kokku kreeka jogurt, hakitud värske till, kapparid, sidrunikoor ja sidrunimahl. Maitsesta soola ja pipraga maitse järgi.
b) Asetage täistera mähisid ja määrige igale ümbrisele ohtralt jogurtisegu.
c) Jaga mähispide vahel ühtlaselt suitsulõhe ja õhukeseks viilutatud apteegitill.
d) Rulli mähisid tihedalt kokku, soovi korral lõika pooleks ja serveeri kohe.

31. Apteegitilli ja pesto kanavõileib

KOOSTISOSAD:
- 2 kondita, nahata kanarinda
- 1 apteegitilli sibul, õhukeselt viilutatud
- 4 viilu ciabatta leiba
- 4 spl basiiliku pestot
- 1 tomat, viilutatud
- Peotäis beebispinatit
- Sool ja pipar, maitse järgi

JUHISED:
a) Eelkuumuta grill või grillpann keskmisele-kõrgele kuumusele.
b) Maitsesta kanarinda soola ja pipraga, seejärel grilli 5-6 minutit mõlemalt poolt või kuni need on läbi küpsenud. Eemaldage grillilt ja laske puhata.
c) Rösti ciabatta saiaviilud.
d) Määri iga röstitud saiaviilu ühele poolele basiilikupestot.
e) Viiluta grillkana ja jaota ühtlaselt saiaviilude vahel.
f) Kõige peale lisa viilutatud apteegitilli, tomativiilud ja beebispinat.
g) Sulgege võileivad ja serveerige kohe.

32.Apteegitilli ja valge oa burger

KOOSTISOSAD:
- 1 apteegitilli sibul, peeneks hakitud
- 1 purk (15 untsi) valgeid ube, nõrutatud ja loputatud
- 1/2 tassi riivsaia
- 1/4 tassi riivitud parmesani juustu
- 1 muna
- 2 küüslauguküünt, hakitud
- 1 tl kuivatatud pune
- Sool ja pipar, maitse järgi
- Burgeri kuklid
- Soovi korral lisandid: salat, tomat, avokaado

JUHISED:
a) Sega köögikombainis hakitud apteegitill, valged oad, riivsai, parmesani juust, muna, hakitud küüslauk, kuivatatud pune, sool ja pipar. Pulse, kuni segu on segunenud, kuid siiski veidi rammus.
b) Vormi segust burgeri pätsikesed.
c) Kuumuta pann keskmisel kuumusel ja määri küpsetussprei või oliiviõliga. Küpseta burgereid 4-5 minutit mõlemalt poolt või kuni need on kuldpruunid ja läbi kuumutatud.
d) Soovi korral rösti pannil burgeri kuklid.
e) Valmista burgerid koos valikuliste lisanditega ja serveeri kuumalt.

33. Apteegitilli ja õuna slaw Mähis

KOOSTISOSAD:
- 1 apteegitilli sibul, õhukeselt viilutatud
- 1 õun, julieneeritud
- 1 porgand, julieneeritud
- 1/4 tassi kreeka jogurtit
- 2 spl õunasiidri äädikat
- 1 spl mett
- Sool ja pipar, maitse järgi
- 4 suurt täistera mähisi
- Peotäis segatud rohelisi

JUHISED:
a) Sega suures kausis õhukeseks viilutatud apteegitill, julieneeritud õun ja julieneeritud porgand.
b) Kastme valmistamiseks segage väikeses kausis kreeka jogurt, õunasiidri äädikas, mesi, sool ja pipar.
c) Vala kaste apteegitilli, õuna ja porgandi segule. Viska, kuni see on hästi kaetud.
d) Soojad täistera mähisid ahjus või mikrolaineahjus.
e) Aseta igale ümbrisele peotäis segatud rohelisi, seejärel tõsta peale apteegitilli ja õunasalatit.
f) Rulli mähisid tihedalt kokku, soovi korral lõika pooleks ja serveeri.

34. Apteegitilli ja rostbiifi panini

KOOSTISOSAD:
- 1 apteegitilli sibul, õhukeselt viilutatud
- 8 viilu juuretisega leiba
- 8 viilu rostbiifi
- 4 viilu provolone juustu
- 1/4 tassi majoneesi
- 2 supilusikatäit Dijoni sinepit
- Oliiviõli või või, grillimiseks

JUHISED:
a) Eelkuumuta paninipress või grillpann keskmisel kuumusel.
b) Sega väikeses kausis kokku majonees ja Dijoni sinep.
c) Määri iga juuretisega leivaviilu ühele poolele majoneesisegu.
d) Laota pooltele saiaviiludele rostbiifi, provolone juustu ja õhukeselt viilutatud apteegitilli. Tõsta peale ülejäänud saiaviilud.
e) Pintselda võileibade välisküljed oliiviõli või võiga.
f) Aseta võileivad paninipressile või grillpannile ja küpseta 3-4 minutit või kuni leib on kuldpruun ja juust sulanud.
g) Tõsta tulelt, soovi korral lõika pooleks ja serveeri kuumalt.

PÕHIROOG

35. BBQ Lionfish apelsini ja apteegitilli slawiga

KOOSTISOSAD:
- 1 suur apteegitilli sibul õhukesteks viiludeks
- 1 väike kapsas, tükeldatud
- 1 küüslauguküüs, hakitud
- 2 suurt apelsini, kooritud ja viilutatud
- 1 väike punane sibul, õhukeselt viilutatud
- ¼ tassi Haiti mandleid
- 1 tl koššersoola
- ½ tl värskelt jahvatatud musta pipart
- 3 supilusikatäit oliiviõli
- 6 lehte värsket basiilikut, rebitud
- 3 spl värsket sidrunimahla
- ½ tl purustatud koriandri seemet
- 4 suurt lõvikala fileed

JUHISED:
APELSINILÕU VALMISTAMISEKS:
a) Sega väikeses kausis apteegitill ja kapsas küüslaugu, 1 apelsini viilude, sibula, mandlite, ½ tl soola, ¼ tl musta pipra, 2 supilusikatäit oliiviõli ja värskelt rebitud basiilikuga. Kata kaanega ja pane pooleks tunniks külmkappi.

LÕVIKALA KÜPETAMINE:
b) Kuumuta söega BBQ grill ja pintselda seda supilusikatäie õliga. Maitsesta lõvikala ülejäänud soola, pipra ja purustatud koriandriseemnega.
c) Aseta fileed otsesele kuumusele ja grilli esimest poolt 2 minutit ning seejärel keera ettevaatlikult ümber ja küpseta teist poolt veel 2–3 minutit, kuni need on just läbiküpsenud.
d) Tõsta taldrikutele 2–3 supilusikatäit apelsinilõike. Asetage BBQ lõvikala igale künkale. Kaunista ülejäänud apelsiniviiludega.

36. Hispaania makrell grillitud õunte ja peediga

KOOSTISOSAD:
- 2 Hispaania makrelli (igaüks umbes 2 naela), kooritud ja puhastatud, lõpusteta
- 2¼ tassi apteegitilli soolvett
- 1 spl oliiviõli
- 1 keskmine sibul, peeneks hakitud
- 2 keskmist peeti, röstitud, keedetud, grillitud või konserveeritud; peeneks hakitud
- 1 hapukas õun, kooritud, puhastatud südamikust ja peeneks hakitud
- 1 küüslauguküüs, hakitud
- 1 spl peeneks hakitud värsket tilli või apteegitilli lehti
- 2 spl värsket kitsejuustu
- 1 laim, lõigatud 8 viiluks

JUHISED:
a) Loputage kala ja pange see soolveega 1-gallonisse tõmblukuga kotti, suruge õhk välja ja sulgege kott. Hoia külmkapis 2–6 tundi.
b) Kuumuta suurel pannil keskmisel kuumusel õli. Lisa sibul ja prae pehmeks, umbes 3 minutit. Lisa peet ja õun ning prae, kuni õun on pehme, umbes 4 minutit. Sega juurde küüslauk ja till ning kuumuta läbi, umbes 1 minut. Jahuta segu toatemperatuurile ja sega hulka kitsejuust.
c) Vahepeal süütage grill otse keskmise kuumusega, umbes 375¡F.
d) Eemaldage kala soolveest ja kuivatage. Visake soolvesi ära. Täida kala õõnsused jahtunud peedi-õunaseguga ja kinnita vajadusel nööriga.
e) Pintselda grillrest ja määri õliga. Grillige kala, kuni nahk on krõbe ja kala tundub pealt läbipaistmatu, kuid keskelt siiski kilene ja niiske (130¼F kiirloetava termomeetri järgi), 5–7 minutit kummalgi küljel. Tõsta kala serveerimisvaagnale ja serveeri koos laimiviiludega.

37.Peachy basiiliku kana ja riisi kausid

KOOSTISOSAD:
- 1 tass jasmiiniriisi, loputatud
- 2 tassi vett
- Koššersool ja värskelt jahvatatud must pipar
- 1 nael kondita, nahata kanarind, kuubikuteks
- 2 spl universaalset jahu
- 2 spl avokaado- või ekstra neitsioliiviõli, jagatud
- 1 supilusikatäis (14 g) ghee-d või soolamata võid
- ¼ tassi hakitud värsket basiilikut
- 1 virsik, kivideta ja õhukesteks viiludeks
- 6 pakitud tassi (180 g) beebispinatit
- 2 küüslauguküünt, hakitud
- ½ keskmist inglise kurki, viilutatud
- 1 väike apteegitilli sibul, lõigatud ja õhukesteks viiludeks
- 1 retsept basiiliku kitsejuustu kaste,

JUHISED:
a) Lisage keskmisesse kastrulisse riis, vesi ja näpuotsaga soola ning laske keema tõusta. Vähendage kuumust, katke ja küpseta, kuni riis on pehme, umbes 15 minutit. Eemaldage tulelt ja aurutage riisi kaanega 10 minutit.

b) Patsutage kana paberrätikutega kuivaks. Pange suurde kaussi jahu, soola ja pipraga ning segage kana ühtlaselt katteks. Kuumutage 1 supilusikatäis (15 ml) õli suurel laial pannil kõrgel kuumusel väga kuumaks, kuid mitte veel suitsevaks. Lisage kana pannile ühe kihina ja küpsetage aeg-ajalt keerates, kuni kõik küljed on kuldpruunid, kokku umbes 5 minutit. Lisage pannile ghee, basiilik ja viilutatud virsik ning küpseta 1 minut kauem, segades, et kana katta.

c) Samal ajal kuumutage eraldi pannil keskmisel kuumusel ülejäänud 1 spl (15 ml) õli. Lisa spinat, küüslauk ja näputäis soola. Küpseta regulaarselt viskades kuni närbumiseni 2–3 minutit.

d) Serveerimiseks jaga riis kausside vahel. Tõsta peale kana ja virsikud, spinat, kurk ja apteegitilli ning nirista seejärel basiilikuga kitsejuustukastmega.

38. Kana-, porru- ja seenepirukas

KOOSTISOSAD:
- 1 kogus muretaigna, jahutatud
- ekstra gluteenivaba tavaline (universaalne) jahusegu saia rullimiseks
- 250 g (2½ tassi) apteegitilli, hakitud
- 2 keskmist porrulauku, lõigatud
- 240 g (2 tassi) seeni
- 240 ml (1 tass) valget veini
- 240 ml (1 tass) piima
- 120 ml (½ tassi) värsket kreemi
- 4 spl maisijahu/maisitärklist
- 700 g (1½ naela) kanarinda
- ½ tl värskelt jahvatatud musta pipart
- ¼ tl mere (kosher) soola
- 2 tl kuivatatud Provence'i ürte
- 2 tl oliiviõli

JUHISED:
a) Viiluta porrulauk, loputa ja nõruta korralikult. Tükelda fenkol ja viiluta seened.
b) Kuumuta pannil keskmisel kuumusel 1 tl oliiviõli ning lisa porrulauk ja apteegitill. Küpseta 5 minutit.
c) Lisage seened ja jätkake praadimist kuldseks. Tõsta kana küpsetamise ajaks taldrikule/kaussi. Lõika kana hammustuse suurusteks tükkideks.
d) Kuumuta praepannil keskmisel kuumusel ülejäänud 1 tl oliiviõli ja küpseta kanatükid portsjonitena kuldseks.
e) Viige keedetud partiid samasse kaussi, kus on praetud köögiviljad. Kui kogu kana on küpsenud, pane kana/köögiviljad tagasi praepannile ja vala üle valge veiniga.
f) Maitsesta soola ja pipraga ning lisa kuivatatud ürdid. Kuumuta keemiseni ja hauta madalal kuumusel 10 minutit.
g) Lahusta maisijahu/maisitärklis piimas ja vispelda praepannile. Jätka pannil segamist, kuni kaste pakseneb. Tõsta tulelt ja tõsta ühele poole.
h) Kuumuta ahi 170C ventilaatorini, 375F, Gas Mark 5.

i) Võtke jahutatud tainas ja rullige see kahe hästi jahuga määritud rasvakindla paberilehe vahel pirukavormist veidi suuremaks vormiks.
j) Sega Crème Fresh kanasegu hulka ja vala pirukavormi. Sellegipoolest keerake küpsetis rasvakindlas paberis ümber ja eemaldage leht, mis on praegu kõige ülemine.
k) Kasutage ülejäänud rasvakindlat paberit, et saaksite kondiitritoodete pirukavormi üle kanda. Kärbi servad ja suru kahe sõrme ja pöidlaga kokku.
l) Kui tunnete end kunstipäraselt, rullige kõik kondiitrikaunistused ümber ja lõigake kaunistamiseks välja 4 lehte.
m) Pintselda pirukapealne kondiitri valmistamisel alles jäänud muna/piimaseguga, lõika keskele väike rist ja kaunista tainalehekujudega.
n) Pintselda neid ka munapesuga. Aseta küpsetusplaadile ja pista ahju.
o) Küpseta 45 minutit, kuni pirukakoor on kuldpruun ja täidis on kuum.

39. Apteegitill seente ja prosciuttoga

KOOSTISOSAD:
- 8 pead apteegitilli
- 1¼ c kanapuljongit
- ¾ c valget veini, kergelt magus
- 1 kilo viilutatud seeni
- 2 untsi prosciutto, õhukeselt viilutatud: ja hakitud

JUHISED:

a) Lõika ära apteegitilli varred ja sulgjad rohelised. Reserveerige sulelised rohelised, hakkides neid ¼ tassi valmistamiseks. (Kui valmistate ette, jahutage 2 supilusikatäit hakitud rohelisi ja ülejäänud sulelisi oksi, et neid serveerimisel vaagna kaunistamiseks kasutada.) Reserveerige apteegitilli varred suppide või puljongide valmistamiseks.
b) Lõika sibuladelt pruunid laigud; asetage need ühe kihina 5–6-liitrisele pannile. Vala neile puljong ja vein; katke kaanega ja laske kõrgel kuumusel keema tõusta, seejärel hautage, kuni apteegitill on läbitorkamisel väga pehme, 35–45 minutit.
c) Tõsta kõrvale, kuni see on käsitsemiseks piisavalt jahtunud: reservi keeduvedelik.
d) Apteegitilli küpsemise ajal segage seened, prosciutto ja 2 supilusikatäit hakitud apteegitilli rohelisi 8–10-tollisel mittenakkuval pannil.
e) Katke ja küpseta keskmisel kõrgel kuumusel, kuni seened eritavad mahla, umbes 7 minutit.
f) Katke ja küpseta sageli segades, kuni vedelik aurustub ja seened on pruunistunud, umbes 15 minutit; kõrvale panema.
g) Kühveldage väikese noa ja terava servaga lusikaga apteegitilli sibulate sisemine osa välja, nii et teil oleks ¼ tolli paksune kest, hoides kest puutumata.
h) Lusikaga seenesegu võrdselt sibulatesse.
i) Asetage sibulad küpsetusnõusse, mis on piisavalt suur, et hoida neid ühes kihis. Tõsta neile lusikaga reserveeritud keeduvedelikku.
j) Küpsetage täidetud apteegitilli sibulaid kaanega 375F/190C ahjus 15 minutit; avage kaas ja jätkake küpsetamist, kuni see on kuum, veel umbes 10 minutit (20 minutit, kui see on eelnevalt valmistatud ja jahutatud).
k) Tõsta sibulad serveerimisvaagnale; puista kergelt ülejäänud hakitud apteegitillirohelisega ja kaunista vaagen apteegitilli okstega.

40. Suitsulõhe ravioolid röstitud sibulaga

KOOSTISOSAD:
- 2 tassi Ricotta juustu
- 16 untsi viilutatud suitsulõhe
- ¼ tassi viilutatud talisibulat
- ⅛ tassi Julienne päikesekuivatatud tomateid
- ⅛ tassi ekstra neitsioliiviõli
- 1 spl hakitud küüslauk
- 12 3x3 värsket pastalehte
- 1 tass jämedat maisijahu
- 2 lahtiklopitud muna
- 4 keskmise suurusega kollast sibulat
- 1 spl rapsiõli
- 2 tassi kuubikuteks lõigatud apteegitilli
- 6 musta pipart
- 2 värsket loorberilehte
- 2 Nelk
- ½ tl Rushed Chili Flakes
- 2 tervet purustatud küüslauguküünt
- ¼ tassi terveid röstitud apteegitilli seemneid
- 2 tassi valget veini
- 2 liitrit rasket koort
- 24 Küps; Roma, (ploom) Tomatid
- Ekstra neitsioliiviõli
- Sool pipar
- Pärgament Paber
- 1 tass kivideta Calamata oliive
- ½ untsi tükeldatud anšoovisefileed
- 1 unts suured kapparid
- ½ tassi hakitud lamedate lehtedega peterselli
- 1 unts hakitud küüslauku
- 2 tassi kuubikuteks lõigatud ahjukuivatatud tomateid
- 2 tassi ekstra neitsioliiviõli
- 2 sidrunit; (Zest of)

JUHISED:
RAVIOLI TÄIDIS:
a) Nõruta ricotta, ilma vedelikuta. Lõika suitsulõhe 1" kuubikuteks.
b) Kombineerige kõik koostisosad ja segage hästi. Maitsesta soola ja pipraga. Kõrvale panema.

RAVIOLI:
c) Asetage pastalehed puhtale tasasele pinnale ja täitke üks külg 3 untsi lõhetäidisega. Pintselda pasta servad väikese koguse lahtiklopitud munaga pasta tihendamiseks. Aseta 2. pastaleht täidetud peale ja suru äärtele tugevasti alla.
d) Aseta küpsetuspaberiga kaetud tasasele pannile ja puista paberile maisijahu. See hoiab ära ravioolide pinnale kleepumise.
e) Aseta ravioolid enne blanšeerimist jahedasse jahtuma. (1 tund) Röstitud sibula ja apteegitilli kreem: Rösti 4 keskmise suurusega kollast sibulat 400-kraadises ahjus, kuni need on kergelt karamelliseerunud. Tõsta kõrvale ja lase jahtuda, seejärel lõika 1 tolli kuubikuteks.
f) Sega keskmises kastmepotis tükeldatud röstitud sibul, apteegitill, rapsiõli ja kõik ülaltoodud koostisosad ning küpseta keskmisel kuumusel umbes 1 minut. Lisa valge vein ja vähenda poole võrra, seejärel lisa tugev vahukoor. Hauta, kuni see väheneb ⅓ võrra. Kurna läbi peene võrguga chinois'e ning maitsesta soola ja pipraga.

AHJUKUIVAD TOMATI TAPENAAD
g) Ahjukuivatatud tomatid: küpsetuspaberiga vooderdatud lameda pinnaga pannil pintselda oliiviõliga ja lõika tomatid pikuti pooleks. Pigista seemned kergelt mõlemast poolest välja, jälgides, et seest tomati viljaliha ei eemaldaks.
h) Asetage tomatipoolikud õlitatud plaadipannile (väljast allapoole, seest ülespoole) ja niristake oliiviõli, soola ja pipraga.
i) Rösti 200-kraadises ahjus umbes 2 tundi või kuni tomatid on kondenseerunud ja sügavpunased.
j) Lase jahtuda.

TAPENAAD:
k) Sega köögikombainis kõik ained kokku ja töötle kuni segu moodustab määritava konsistentsi.

ESITLUS:

l) Peegelplaat röstitud sibulapteegitilliga. Blanšeeri ravioolid ja viska apteegitillikreemiga katteks. Aseta ravioolid taldriku keskele ja pane peale ahjukuivatatud tomati tapenaadi.
m) Kaunista apteegitillioksa ja sidrunikoorega.

41.Kõrvitsa karri vürtsikate seemnetega

KOOSTISOSAD:
- 3 tassi kõrvitsat – hakitud 1-2 cm tükkideks
- 2 supilusikatäit õli
- ½ supilusikatäit sinepiseemneid
- ½ supilusikatäit köömneid
- Näpista asafetida
- 5-6 karrilehte
- ¼ supilusikatäit lambaläätse seemneid
- ¼ supilusikatäit apteegitilli seemneid
- ½ supilusikatäit riivitud ingverit
- 1 supilusikatäis tamarindipastat
- 2 supilusikatäit - kuiv, jahvatatud kookospähkel
- 2 supilusikatäit röstitud jahvatatud maapähklit
- Sool ja fariinsuhkur või jaggery maitse järgi
- Värsked koriandri lehed

JUHISED:
a) Kuumuta õli ja lisa sinepiseemned. Kui need paistavad, lisage köömned, lambalääts, asafetida, ingver, karrilehed ja apteegitill. Küpseta 30 sekundit.
b) Lisa kõrvits ja sool. Lisage tamarindipasta või vesi koos viljalihaga. Lisa jaggery või fariinsuhkur. Lisa jahvatatud kookos- ja maapähklipulber. Küpseta veel paar minutit. Lisa värskelt hakitud koriander.

42. Grillitud kõrvitsa- ja õllevorstid

KOOSTISOSAD:
- 1 pudel ale õlut
- 4 untsi kõrvitsat; värske või konserveeritud
- 1 unts küüslauku; Kuubikuteks lõigatud
- 1 unts puhas vahtrasiirup
- 2 linki iga pardi jaoks; kahvliga läbi torgatud
- 2 Lingid hirveliha; kahvliga läbi torgatud
- 2 Lingid kanavorst; kahvliga läbi torgatud
- 1 väike punane sibul; Segmenteeritud õhuke
- 1 spl Võid
- soola
- Pipar
- 1 sibul apteegitilli; raseeritud
- 1 unts iga saga bleu juustu
- 1 unts inglise stilton
- 1 unts Gorgonzola

JUHISED:

a) Sega porter, kõrvits, küüslauk ja vahtrasiirup ning puista vorstide peale.

b) Võta vorstid soolveest välja ja rösti 500-kraadisel grillil 10 minutit. Segmenti ja grilli kuni valmis.

c) Prae sibulat võis madalal kuumusel pehmeks ja läbipaistvaks. Maitsesta soola ja pipraga

43.Taimne apteegitilli paella

KOOSTISOSAD:
- 2 spl oliiviõli
- 2 keskmist porgandit, lõigatud ¼-tollisteks viiludeks
- 1 selleriribi, lõigatud ¼-tollisteks viiludeks
- 1 keskmine kollane sibul, hakitud
- 1 keskmine punane paprika, lõigatud ½-tollisteks kuubikuteks
- 3 küüslauguküünt, hakitud
- 8 untsi rohelisi ube, kärbitud ja 1-tollisteks tükkideks lõigatud
- 1½ tassi keedetud tumepunaseid ube
- 14,5 untsi purk kuubikuteks lõigatud tomateid, nõrutatud
- 2½ tassi köögiviljapuljongit, omatehtud
- ½ tl kuivatatud majoraani
- ½ tl purustatud punast pipart
- ½ tl jahvatatud apteegitilli seemet
- ¼ tl safranit või kurkumit
- ¾ tassi pikateralist riisi
- 2 tassi austrite seeni, kergelt loputatud ja kuivaks patsutatud
- 14-untsine artišokisüdamete purk nõrutatud ja neljaks lõigatud

JUHISED:
- ☑ Kuumuta suures potis õli keskmisel kuumusel. Lisa porgand, seller, sibul, paprika ja küüslauk. Katke ja küpseta 10 minutit.
- ☑ Lisa rohelised oad, oad, tomatid, puljong, sool, pune, purustatud punane pipar, apteegitilli seemned, safran ja riis. Kata kaanega ja hauta 30 minutit.
- ☑ Sega hulka seened ja artišokisüdamed. Maitsesta, maitseaineid reguleerides, vajadusel soola juurde. Kata kaanega ja hauta 15 minutit kauem. Serveeri kohe.

44. Grillitud lõhe apteegitilli salatiga

KOOSTISOSAD:
- 2 140 g lõhefileed
- 1 Sibul apteegitilli; peeneks viilutatud
- ½ Pirn; peeneks viilutatud
- Paar tükki kreeka pähkleid
- 1 näputäis Purustatud kardemoni seeme
- 1 Oranž; segmenteeritud, mahl
- 1 hunnik koriandrit ; hakitud
- 50 grammi Light fromage frais
- 1 Näputäis kaneelipulbrit
- Helvestatud kivisool ja jahvatatud must pipar

JUHISED:
- Maitsesta lõhe soola ja pipraga ning grilli grilli all.
- Sega pirn apteegitilliga ning maitsesta rohke musta pipra, kardemoni ja kreeka pähklitega.
- Blenderda apelsinimahl ja koor koorega ning lisa veidi kaneeli. Aseta taldriku keskele hunnik apteegitilli ja pane peale lõhe. Kaunista taldriku väliskülg oranžide segmentidega ja nirista peale oranži koorega.
- Apteegitill vähendab alkoholi toksiinide mõju organismis ja on hea seedimine.

45.Röstitud juurtega pitsa

KOOSTISOSAD:
- Universaalne jahu pitsakoore puhastamiseks või oliiviõli pitsaaluse määrimiseks
- 1 omatehtud tainas
- ½ küüslaugu pea
- ½ maguskartulit, kooritud, pikuti poolitatud ja õhukesteks viiludeks
- ½ apteegitilli sibulat, poolitatud, kärbitud ja õhukesteks viiludeks
- ½ pastinaaki, kooritud, pikuti poolitatud ja õhukesteks viiludeks
- 1 spl oliiviõli
- ½ tl soola
- 4 untsi vegan juustu, hakitud
- 1 unts vegan juustu, peeneks riivitud
- 1 spl siirupist palsamiäädikat

JUHISED:
a) Puista pitsakoor kergelt jahuga. Lisa tainas ja vormi see näpuotstega süvendades ringiks. Tõstke see üles, hoidke seda mõlema käega servast ja pöörake seda aeglaselt, venitades iga kord veidi serva, kuni ringi läbimõõt on umbes 14 tolli. Tõsta koorele jahune pool allpool.
b) Määri plaat või küpsetusplaat paberrätikule määritud oliiviõliga. Asetage tainas sõrmeotstega kas taigna süvendi keskele – seejärel tõmmake ja vajutage seda, kuni see moodustab alusele 14-tollise ringi või küpsetusplaadile ebakorrapärase ristküliku, mille suurus on umbes 12 × 7 tolli.
c) Kui kasutate pitsakivi, asetage see jahusele pitsakoorele või asetage küpsetatud koorik otse pitsaalusele.
d) Mähi koorimata küüslauguküüned alumiiniumfooliumpakendisse ja küpseta või grilli otse tulel 40 minutit.
e) Vahepeal viska bataat, apteegitill ja pastinaak kaussi koos oliiviõli ja soolaga. Kalla kausi sisu ahjuplaadile. Asetage ahju või grilli kuumutamata osale ja röstige aeg-ajalt keerates pehmeks ja magusaks 15–20 minutit.
f) Tõsta küüslauk lõikelauale ja ava pakend, jälgides auru. Samuti tõsta küpsetusplaat koos köögiviljadega restile kõrvale.

g) Tõstke ahju või gaasigrilli temperatuur 450 °F-ni või lisage söegrillile veel mõned söed, et kuumust veidi tõsta.
h) Määri hakitud veganjuust ettevalmistatud koorikule, jättes servale ½-tollise äärise. Pange juust peale kõik köögiviljad, pigistades paberistest kestadest välja mahlakas ja pehme küüslauk pirukale. Kõige peale riivi vegan juust.
i) Libista pitsa koorelt kuumale kivile või aseta pitsa alusele või küpsetusplaadile kas ahju või grilli kuumutamata osa kohale.
j) Küpsetage või grillige suletud kaanega, kuni koorik on muutunud kuldpruuniks ja selle põhjast isegi veidi tumenenud, kuni juust on sulanud ja hakanud pruunistuma, 16 kuni minutit.
k) Lükake koor tagasi kooriku alla, et see kuumalt kivilt eemaldada, või tõstke pitsa alusele või küpsetusplaadile restile. Tõsta 5 minutiks kõrvale.
l) Kui pirukas on veidi jahtunud, nirista peale palsamiäädikat, seejärel viiluta see serveerimiseks viiludeks.

46. Apteegitilli risoto pistaatsiapähklitega

KOOSTISOSAD:
- 2 tassi köögiviljapuljong, kombineerituna
- 1 tass vett
- 1 supilusikatäis taimne või või margariin
- 2 supilusikatäit Oliiviõli
- 1 tass Peeneks hakitud sibul
- 1 Apteegitilli sibul
- 1 Punane paprika, hakitud
- 2 küüslauguküünt, hakitud
- 1½ tassi Arborio riis
- ⅓ tassi Kooritud pistaatsiapähklid, tükeldatud
- Värskelt jahvatatud must pipar

JUHISED:
a) Kuumuta puljongi-vee segu mõõdukal kuumusel. Hoidke soojas.
b) Kuumuta pannil, eelistatavalt mittenakkuvas või potis taimne või ja õli mõõdukal kuumusel kuumaks. Lisage sibul, apteegitill ja punane pipar; hauta 5 minutit. Lisa küüslauk ja prae veel minut aega.
c) Sega juurde riis ja küpseta segades 2 minutit. Hakka aeglaselt vedelikku lisama, umbes kulbitäie kaupa. Keeda kaanega mõõdukal kuumusel 10 minutit, aeg-ajalt segades.
d) Lisage vedelik aeglaselt ja segage sageli. Oodake iga kord enne järgmise kulbitäie lisamist, kuni vedelik on imendunud. Korrake keetmist kaanega 10 minutit.
e) Avage kaas ja jätkake vedeliku lisamist ja sageli segamist. Risotto peaks küpsema umbes 30 minutit.
f) Lisage valmis risotole pistaatsiapähklid ja pipar ning segage, kuni see on segunenud.

47.Apteegitilli ja herne risoto

KOOSTISOSAD:
- 1 spl oliivõli
- 1 sibul, peeneks hakitud
- 1 apteegitilli sibul, peeneks hakitud
- 1 kabatšokk, poolitatud pikuti ja õhukesteks viiludeks
- 3 küüslauguküünt, peeneks hakitud
- ½ tl apteegitilli seemneid, kergelt purustatud
- 200 g risoto riisi
- klaas valget veini
- 800 ml köögiviljapuljongit, kuum
- 200 g külmutatud herneid
- 2 supilusikatäit toitainepärmi
- 1 sidrun, koor ja mahl
- hunnik lamedate lehtedega peterselli, peeneks hakitud

JUHISED:
a) Kuumuta oliivõli suurel sügaval pannil, lisa sibul, apteegitill ja kabatšokk ning prae 10 minutit, kuni see on pehmenenud, lisades vett, kui see hakkab kinni.
b) Lisa küüslauk ja apteegitilli seemned ning küpseta 2 minutit, seejärel lisa riis ja sega, kuni iga tera on kergelt õliga kaetud. Valage veini, kui kasutate, ja mullitage, kuni see väheneb poole võrra.
c) Hoidke köögiviljapuljongit pannil väga madalal kuumusel, et see püsiks soojas. Lisa risotole kulbitäis korraga, lisa alles siis, kui viimane lusikatäis on täielikult imendunud, kogu aeg segades.
d) Kui riis on küpsenud, kuid veel veidi näksinud, lisa külmutatud herned ja küpseta veel paar minutit, kuni see on valmis.
e) Segage toitev pärm, sidrunikoor ja -mahl ning veidi maitseaineid, jagage madalatesse kaussidesse ja lisage petersell.

KÜLJED

48. Apteegitilli gratin Robiolaga

KOOSTISOSAD:
- sool ja pipar
- 2 untsi värsket leivapuru
- 1 tass Bechamel kastet
- 8 untsi Robiola juustu
- 2 sibulat apteegitilli, kärbitud ja viilutatud
- 4 untsi Fontina juustu, riivitud

JUHISED:
a) Kuumuta ahi 450 ° F-ni.
b) Kuumuta 4 liitrit vett koos 2 supilusikatäie soolaga keemiseni.
c) Blanšeeri apteegitill keevas vees väga pehmeks.
d) Nõruta kraanikausi kohale asetatud kurnis, kuni see on käsitsemiseks piisavalt jahtunud.
e) Kombineerige apteegitill, bešamellkaste ja fontina.
f) Jaotage ühtlaselt nelja võiga määritud gratiiniroa vahel.
g) Küpseta 25 minutit ahju ülemises pooles või kuni see on mullitav ja kuum.
h) Asetage iga roa keskele 2-untsine robiola nukk või ruut, puistake riivsaiaga ja küpsetage veel 5–6 minutit või kuni robiola on kuum ja pehme ning puru sisse sulanud.

49. Safrani apteegitilli sous vide

KOOSTISOSAD:
- 2 mugulat apteegitilli
- 1 g safranit
- 100 ml linnulihapuljongit
- 20 ml oliiviõli
- 3 g soola

JUHISED:
a) Lõika apteegitill pikuti umbes 6 mm paksusteks viiludeks. Seal, kus lehed läbi varre kokku ripuvad, tekivad viilud.
b) Varsi ja välimisi osi saab hästi kasutada apteegitilli kreemsupi jaoks.
c) Immuta viilud koos teiste koostisosadega vaakumkotti. Küpseta veevannis temperatuuril 85 ° C 3 tundi.
d) Eemaldage kottidest ja vähendage keedupuljongit u. ⅓ summast.
e) Imeline ja tõhus lisand näiteks liha- ja kalaroogade kõrvale.

50.Röstitud apteegitill parmesaniga

KOOSTISOSAD:
- 2 apteegitilli sibulat, viilutatud
- 2 spl oliiviõli
- Sool ja pipar, maitse järgi
- 1/4 tassi riivitud parmesani juustu
- Värske petersell, hakitud (kaunistuseks)

JUHISED:
a) Kuumuta ahi temperatuurini 400 °F (200 °C).
b) Viska viilutatud apteegitill küpsetusplaadile oliiviõli, soola ja pipraga.
c) Rösti eelkuumutatud ahjus 20-25 minutit või kuni apteegitill on pehme ja karamelliseerunud, segades pooleldi.
d) Võta ahjust välja ja puista röstitud apteegitillile riivitud parmesani juustu.
e) Tõsta ahju veel 5 minutiks või kuni juust on sulanud ja kuldpruun.
f) Enne serveerimist kaunista värske peterselliga.

51. Apteegitilli- ja kartuligratiin

KOOSTISOSAD:
- 2 apteegitilli sibulat, õhukeselt viilutatud
- 2 suurt kartulit, õhukeselt viilutatud
- 1 tass rasket koort
- 2 küüslauguküünt, hakitud
- 1/2 tassi riivitud Gruyère'i juustu
- Sool ja pipar, maitse järgi
- Värsked tüümianilehed, kaunistuseks

JUHISED:
a) Kuumuta ahi temperatuurini 375 °F (190 °C). Määri ahjuvorm või või keedupritsiga.
b) Laota õhukesteks viiludeks lõigatud apteegitill ja kartulid vaheldumisi ettevalmistatud ahjuvormi.
c) Kuumuta väikeses potis koor ja hakitud küüslauk keskmisel kuumusel podisemiseni.
d) Kalla kuum kooresegu ahjuvormi fenkoli ja kartulite peale. Maitsesta soola ja pipraga.
e) Puista peale riivitud Gruyère'i juustu.
f) Kata ahjuvorm fooliumiga ja küpseta eelkuumutatud ahjus 45-50 minutit või kuni kartulid on pehmed.
g) Eemalda foolium ja küpseta veel 10-15 minutit või kuni pealt on kuldpruun ja mullitav.
h) Enne serveerimist kaunista värskete tüümianilehtedega.

52. Praetud apteegitill sidruni ja küüslauguga

KOOSTISOSAD:
- 2 apteegitilli sibulat, õhukeselt viilutatud
- 2 spl oliiviõli
- 2 küüslauguküünt, hakitud
- 1 sidruni koor ja mahl
- Sool ja pipar, maitse järgi
- Värske petersell, hakitud (kaunistuseks)

JUHISED:
a) Kuumuta oliiviõli suurel pannil keskmisel kuumusel.
b) Lisage õhukesteks viiludeks lõigatud apteegitill pannile ja pruunistage 8-10 minutit või kuni see on pehmenenud ja kergelt karamelliseerunud.
c) Lisa pannile hakitud küüslauk ja prae veel 1-2 minutit või kuni lõhnamiseni.
d) Sega juurde sidrunikoor ja sidrunimahl. Maitsesta soola ja pipraga maitse järgi.
e) Küpseta veel 1-2 minutit, seejärel eemalda tulelt.
f) Tõsta pruunistatud apteegitill serveerimisnõusse ja kaunista enne serveerimist hakitud värske peterselliga.

53. Apteegitilli ja apelsini salat rukolaga

KOOSTISOSAD:
- 2 apteegitilli sibulat, õhukeselt viilutatud
- 2 apelsini, kooritud ja viilutatud
- 4 tassi beebi rukolat
- 1/4 tassi röstitud kreeka pähkleid, hakitud
- 2 spl ekstra neitsioliiviõli
- 1 spl palsamiäädikat
- Sool ja pipar, maitse järgi

JUHISED:
a) Segage suures kausis õhukeseks viilutatud apteegitill, apelsiniviilud ja beebirukola.
b) Kastme valmistamiseks vispelda väikeses kausis ekstra neitsioliiviõli ja palsamiäädikas. Maitsesta soola ja pipraga maitse järgi.
c) Nirista kaste salatile ja viska õrnalt katteks.
d) Enne serveerimist puista salatile röstitud kreeka pähkleid.

54.Apteegitilli ja roheliste ubade segamine

KOOSTISOSAD:
- 2 apteegitilli sibulat, õhukeselt viilutatud
- 2 tassi rohelisi ube, kärbitud ja poolitatud
- 2 küüslauguküünt, hakitud
- 2 spl sojakastet
- 1 spl seesamiõli
- 1 spl riisiäädikat
- 1 tl mett
- Seesamiseemned, kaunistuseks
- Roheline sibul, õhukeselt viilutatud, kaunistuseks

JUHISED:
a) Kuumuta seesamiõli suurel pannil või wokis keskmisel-kõrgel kuumusel.
b) Lisa pannile õhukesteks viiludeks lõigatud apteegitill ja rohelised oad. Prae segades 5–6 minutit või kuni köögiviljad on pehmed-krõbedad.
c) Lisa pannile hakitud küüslauk ja prae segades veel 1-2 minutit või kuni lõhnamiseni.
d) Sega väikeses kausis kokku sojakaste, riisiäädikas ja mesi. Vala kaste pannil olevatele köögiviljadele ja viska ühtlaseks katteks.
e) Küpseta veel 1-2 minutit, seejärel eemalda tulelt.
f) Tõsta praetud apteegitill ja rohelised oad serveerimisnõusse. Enne serveerimist kaunista seesamiseemnete ja õhukeselt viilutatud rohelise sibulaga.

55.Kreemjas apteegitilli ja kartulisupp

KOOSTISOSAD:
- 2 apteegitilli sibulat, õhukeselt viilutatud
- 2 suurt kartulit, kooritud ja kuubikuteks lõigatud
- 1 sibul, hakitud
- 4 tassi köögiviljapuljongit
- 1 tass rasket koort
- 2 spl võid
- Sool ja pipar, maitse järgi
- Värske murulauk, hakitud, kaunistuseks

JUHISED:
a) Suures potis sulata keskmisel kuumusel või. Lisa hakitud sibul ja küpseta läbipaistvaks.
b) Lisa potti õhukesteks viiludeks lõigatud apteegitill ja kuubikuteks lõigatud kartul. Keeda 5 minutit, aeg-ajalt segades.
c) Vala potti köögiviljapuljong ja aja keema. Alanda kuumust ja hauta 20-25 minutit või kuni kartulid on pehmed.
d) Püreesta supp saumikseri abil ühtlaseks. Teise võimalusena tõsta supp blenderisse ja blenderda partiidena ühtlaseks massiks.
e) Sega juurde rõõsk koor ja maitsesta maitse järgi soola ja pipraga. Kuumuta läbi, aga ära keeda.
f) Tõsta kreemjas apteegitilli- ja kartulisupp kaussidesse. Enne serveerimist kaunista hakitud värske murulauguga.

56. Apteegitilli ja Radicchio salat tsitruselise vinegretiga

KOOSTISOSAD:
- 2 apteegitilli sibulat, õhukeselt viilutatud
- 1 pea radicchio, õhukesteks viiludeks
- 1 apelsin, kooritud ja segmenteeritud
- 1 greip, kooritud ja segmenteeritud
- 1/4 tassi röstitud seedermänni pähkleid
- 2 spl ekstra neitsioliiviõli
- 2 spl valge veini äädikat
- 1 tl mett
- Sool ja pipar, maitse järgi

JUHISED:
a) Segage suures kausis õhukesteks viiludeks lõigatud apteegitilli, radicchio, apelsini ja greibi segmendid.
b) Sega väikeses kausis vinegreti valmistamiseks ekstra neitsioliiviõli, valge veini äädikas ja mesi. Maitsesta soola ja pipraga maitse järgi.
c) Nirista vinegrett salatile ja viska õrnalt katteks.
d) Enne serveerimist puista salatile röstitud piiniaseemneid.

57. Hautatud apteegitill küüslaugu ja sidruniga

KOOSTISOSAD:
- 2 apteegitilli sibulat, lõigatud ja viilutatud
- 2 küüslauguküünt, hakitud
- 1 sidrun, mahl ja koor
- 1/4 tassi köögivilja- või kanapuljongit
- 2 spl oliiviõli
- Sool ja pipar, maitse järgi
- Värske petersell, hakitud (kaunistuseks)

JUHISED:
a) Kuumuta oliiviõli suurel pannil keskmisel kuumusel.
b) Lisa pannile viilutatud apteegitill ja küpseta 4-5 minutit, kuni see hakkab pehmenema.
c) Lisa pannile hakitud küüslauk ja küpseta veel 1-2 minutit, kuni see lõhnab.
d) Vala sisse köögivilja- või kanapuljong, sidrunimahl ja sidrunikoor. Maitsesta soola ja pipraga maitse järgi.
e) Kata pann kaanega ja lase apteegitillil aeg-ajalt segades 10–12 minutit hautada, kuni see on pehme.
f) Kui apteegitill on pehme ja vedelik vähenenud, eemaldage see tulelt.
g) Enne serveerimist kaunista hakitud värske peterselliga.

58.Apteegitilli ja porgandi salat õunasiidri vinegretiga

KOOSTISOSAD:
- 2 apteegitilli sibulat, õhukeselt viilutatud
- 2 porgandit, julieneeritud või riivitud
- 1 õun, riivitud või riivitud
- 1/4 tassi hakitud värsket koriandrit või peterselli
- 1/4 tassi õunasiidri äädikat
- 2 spl oliiviõli
- 1 spl mett
- 1 tl Dijoni sinepit
- Sool ja pipar, maitse järgi

JUHISED:
a) Segage suures kausis õhukesteks viiludeks lõigatud apteegitill, julieneeritud porgand, julieneeritud õun ja hakitud värske koriander või petersell.
b) Sega väikeses kausis vinegreti valmistamiseks õunasiidri äädikas, oliiviõli, mesi, Dijoni sinep, sool ja pipar.
c) Valage vinegrett slawsegule ja viskage õrnalt katteks.
d) Enne serveerimist lase salatil külmkapis vähemalt 30 minutit marineerida, et maitsed sulaksid.
e) Serveeri jahutatult värskendava lisandina.

59. Apteegitilli ja Farro salat sidruni-ürdikastmega

KOOSTISOSAD:
- 1 tass farrot, keedetud
- 2 apteegitilli sibulat, õhukeselt viilutatud
- 1/2 tassi hakitud värsket peterselli
- 1/4 tassi hakitud värsket piparmünt
- 1 sidruni koor ja mahl
- 2 spl ekstra neitsioliiviõli
- Sool ja pipar, maitse järgi

JUHISED:
a) Segage suures kausis keedetud farro, õhukeselt viilutatud apteegitill, hakitud värske petersell ja hakitud värske piparmünt.
b) Kastme valmistamiseks vispelda väikeses kausis kokku sidrunikoor, sidrunimahl, ekstra neitsioliiviõli, sool ja pipar.
c) Vala kaste salatile ja viska õrnalt katteks.
d) Serveeri apteegitilli ja farro salatit toatemperatuuril või jahutatult.

SUPID

60. Apteegitillisupp söödavate lilledega

KOOSTISOSAD:
- 2 šalottsibulat, peeneks hakitud
- 2 küüslauguküünt, hakitud
- 3 Apteegitill, neljaks lõigatud ja kuubikuteks lõigatud
- 200 grammi tärkliserikkaid kartuleid
- 2 spl oliiviõli
- 800 milliliitrit köögiviljapuljongit
- 100 milliliitrit vahukoort
- 2 supilusikatäit Crème fraiche
- 2 sentimeetrit vermutit
- soola
- värskelt jahvatatud paprika
- 2 spl peterselli, hakitud
- Garneeringuks kurgirohu lill

JUHISED:
a) Haki pool apteegitilli lehtedest peeneks ja tõsta ülejäänud lehed kõrvale.
b) Koori ja tükelda kartulid.
c) Kuumuta pannil õli ning pruunista šalottsibul ja küüslauk.
d) Lisa apteegitill ja pruunista korraks. Lisa puljong ja kartulid ning kuumuta keemiseni.
e) Alanda kuumust ja hauta 20-25 minutit.
f) Püreesta supp, seejärel lisa koor, creme fraiche, petersell ja hakitud apteegitilli lehed.
g) Lisa vermut, seejärel maitsesta soola ja pipraga.
h) Vala supp kaussidesse, kaunista ülejäänud apteegitilli lehtede ja kurgirohuga ning serveeri.

61.Homaar apteegitill Bouillabaisse

KOOSTISOSAD:
- 2 elusat homaari (igaüks umbes 1,5 naela)
- 2 spl oliiviõli
- 1 sibul, tükeldatud
- 2 küüslauguküünt, hakitud
- 1 apteegitilli sibul, õhukeselt viilutatud
- 1 punane paprika, tükeldatud
- 1 kollane paprika, tükeldatud
- 1 purk (14 untsi) kuubikuteks lõigatud tomateid
- 2 tassi kala- või mereandide puljongit
- 1 tass kuiva valget veini
- 1 tl kuivatatud tüümiani
- 1 tl kuivatatud pune
- 1 loorberileht
- Näputäis safrani niite
- Sool ja pipar maitse järgi
- Värske petersell, hakitud (kaunistuseks)
- Kreemjas leib (serveerimiseks)

JUHISED:

a) Valmista homaarid, asetades need umbes 20-30 minutiks sügavkülma. See aitab neid enne toiduvalmistamist rahustada.
b) Täida suur pott veega ja lase keema tõusta. Lisa keeduvette soola.
c) Asetage homaarid ettevaatlikult keevasse vette ja keetke umbes 8-10 minutit või kuni kestad muutuvad erkpunaseks.
d) Eemaldage homaarid potist ja laske neil veidi jahtuda. Kui liha on jahtunud, eemaldage see kestadest ja lõigake see suupärasteks tükkideks. Kõrvale panema.
e) Kuumuta suures supipotis või Hollandi ahjus oliiviõli keskmisel kuumusel.
f) Lisa potti tükeldatud sibul ja hakitud küüslauk. Prae 2-3 minutit, kuni sibul muutub läbipaistvaks.
g) Lisa potti viilutatud apteegitill, kuubikuteks lõigatud punane ja kollane paprika. Küpseta veel 3-4 minutit, kuni köögiviljad hakkavad pehmenema.
h) Sega hulka tükeldatud tomatid, kala- või mereandide puljong ja valge vein.
i) Lisa potti kuivatatud tüümian, kuivatatud pune, loorberileht, safranniidid, sool ja pipar. Sega segamiseks.
j) Lase segul keema tõusta, seejärel alanda kuumust ja lase umbes 15-20 minutit podiseda, et maitsed tekiksid.
k) Lisage homaari liha potti ja küpseta veel 5–8 minutit, kuni homaar on läbi kuumenenud.
l) Maitse ja vajadusel kohanda maitseainet.
m) Tõsta Lobster Bouillabaisse kaussidesse ja kaunista hakitud värske peterselliga.
n) Serveeri kastmiseks koos koorikuleivaga.

62. Itaalia kana ravioolisupp

KOOSTISOSAD:
- 1 spl oliiviõli
- 1 roheline paprika, tükeldatud
- 1 väike sibul, hakitud
- 3 suurt küüslauguküünt, hakitud
- 1 spl kuivatatud basiilikut
- 2 tl apteegitilli seemneid
- ¼ tl kuivatatud purustatud punast pipart
- 6 tassi konserveeritud madala soolasisaldusega kanapuljongit
- 2 keskmist suvikõrvitsat, tükeldatud
- 1 porgand, tükeldatud
- 1 9-untsine toorjuusturavioolide pakk
- 1 ½ tassi kuubikuteks lõigatud keedetud kana
- Riivitud Parmesani juust

JUHISED:
a) Kuumuta raskes suures potis keskmisel kuumusel õli. Lisage paprika, sibul, küüslauk, basiilik, apteegitilli seemned ja purustatud punane pipar ning hautage, kuni köögiviljad on pehmed, umbes 10 minutit. Lisa puljong.

b) Kata pott kaanega ja hauta 10 minutit. Lisa suvikõrvits ja porgand. Kata kaanega ja hauta, kuni porgand on peaaegu pehme, umbes 5 minutit. Tõsta kuumus kõrgeks ja lase supp keema. Lisa ravioolid ja keeda pehmeks, umbes 5 minutit. Lisa kana ja küpseta, kuni see on kuumutatud umbes 1 minut.

c) Maitsesta supp maitse järgi soola ja pipraga. Vala supp kaussidesse. Serveeri, jättes juustu eraldi.

63. Kalahautis tšilliga

KOOSTISOSAD:
- 1 sibul, hakitud
- 2 apteegitilli sibulat, hakitud
- 1 punane tšilli, peeneks hakitud
- 1 plekk ploomtomatit
- 6 supilusikatäit oliiviõli
- 1 tl apteegitilli seemneid, jahvatatud
- 2 küüslauguküünt, purustatud
- 1 nael valge kalafilee
- 3 untsi röstitud mandleid, jahvatatud
- 3 untsi köögiviljapuljongit
- ½ tl magusa paprika pulbrit
- 1 spl värskeid tüümiani lehti
- 1 tl safrani kiudu
- 3 värsket loorberilehte
- Kinoa ja kevadised rohelised
- 1 sidrun, viiludeks lõigatud

JUHISED:
a) Aurutage sibul, apteegitill, tšilli, purustatud apteegitilli seemned ja küüslauk.
b) Lisa paprika, tüümian, safran, loorberilehed ja tomatid.
c) Kuumuta koos köögiviljapuljongiga keema.
d) Lisa hautisele kala/tofu koos mandlitega.
e) Serveeri roheliste, kinoa ja sidruniviiludega.

64. Spirulina kreemjas lillkapsasupp

KOOSTISOSAD:
- 1 spl seesami-, kookos- või viinamarjaseemneõli
- ½ kollast sibulat või apteegitilli sibulat
- 2 küüslauguküünt, hakitud
- 1 suur lillkapsa pea, tükeldatud
- 1-liitrine köögiviljapuljong
- ¼ tassi tooreid, soolamata india pähkleid
- 1 tl sinist spirulinat
- ½ tl meresoola, lisaks veel maitse järgi
- 2 spl kanepiseemneid, kaunistuseks

JUHISED:
a) Kuumuta suures potis või Hollandi ahjus õli keskmisel kuumusel. Lisa sibul ja küüslauk ning prae 3 minutit, kuni need on kergelt pruunid. Lisa lillkapsas ja prae veel minut aega.
b) Lisa köögiviljapuljong ja tõsta keemiseni kuumust. Kui lillkapsas keeb, vähendage kuumust ja hautage kaaneta 20–30 minutit, kuni lillkapsas on pehme.
c) Eemaldage supp tulelt ja jahutage sooja toatemperatuurini. Tõsta supp koos india pähklitega blenderisse ja blenderda kõrgel kuumusel ühtlaseks ja kreemjaks 1 minut. Viimasena lisa sinine spirulina ja blenderda korraks. Sega maitse järgi soola.
d) Serveeri kanepiseemnetega.

65.Kreemjas apteegitilli ja kartulisupp

KOOSTISOSAD:
- 2 apteegitilli sibulat, hakitud
- 2 kartulit, kooritud ja kuubikuteks lõigatud
- 1 sibul, hakitud
- 2 küüslauguküünt, hakitud
- 4 tassi köögiviljapuljongit
- 1 tass rasket koort
- 2 spl oliiviõli
- Sool ja pipar, maitse järgi
- Värsked tüümianilehed, kaunistuseks (valikuline)

JUHISED:
a) Kuumuta oliiviõli suures potis keskmisel kuumusel. Lisa hakitud sibul ja küüslauk ning prae pehmeks, umbes 5 minutit.
b) Lisa potti hakitud apteegitill ja kartulid ning hauta veel 5 minutit.
c) Valage köögiviljapuljong ja laske keema tõusta. Alandage kuumust, katke kaanega ja hautage, kuni köögiviljad on pehmed, umbes 20 minutit.
d) Püreesta supp saumikseri abil ühtlaseks. Teise võimalusena tõsta supp partiidena blenderisse ja blenderda ühtlaseks massiks.
e) Sega juurde rõõsk koor ja maitsesta maitse järgi soola ja pipraga. Kuumuta läbi, aga ära keeda.
f) Vala supp kaussidesse, soovi korral kaunista värskete tüümianilehtedega ja serveeri kuumalt.

66. Apteegitilli ja porrulaugusupp ürdikrutoonidega

KOOSTISOSAD:
- 2 apteegitilli sibulat, hakitud
- 2 porrulauku, ainult valged ja helerohelised osad, viilutatud
- 2 kartulit, kooritud ja kuubikuteks lõigatud
- 4 tassi köögiviljapuljongit
- 1 tass täispiima või koort
- 2 spl võid
- Sool ja pipar, maitse järgi
- Ürtkrutoonide jaoks:
- 4 viilu leiba, kuubikuteks
- 2 spl oliiviõli
- 1 tl kuivatatud tüümiani
- 1 tl kuivatatud rosmariini
- Sool ja pipar, maitse järgi

JUHISED:
a) Suures potis sulata keskmisel kuumusel või. Lisage tükeldatud apteegitill, viilutatud porrulauk ja tükeldatud kartul ning hautage, kuni need on pehmenenud, umbes 10 minutit.
b) Valage köögiviljapuljong ja laske keema tõusta. Alandage kuumust, katke kaanega ja hautage, kuni köögiviljad on pehmed, umbes 20 minutit.
c) Vahepeal eelsoojendage ahi temperatuurini 375 °F (190 °C). Viska kausis kuubikuteks lõigatud leib oliiviõli, kuivatatud tüümiani, kuivatatud rosmariini, soola ja pipraga. Laota maitsestatud saiakuubikud küpsetusplaadile ja küpseta kuldseks ja krõbedaks, umbes 10 minutit.
d) Püreesta supp saumikseri abil ühtlaseks. Teise võimalusena tõsta supp partiidena blenderisse ja blenderda ühtlaseks massiks.
e) Sega juurde täispiim või rõõsk koor ning maitsesta maitse järgi soola ja pipraga. Kuumuta läbi, aga ära keeda.
f) Vala supp kaussidesse, tõsta peale ürtkrutoone ja serveeri kuumalt.

67. Apteegitilli ja porgandisupp ingveriga

KOOSTISOSAD:
- 2 apteegitilli sibulat, hakitud
- 4 porgandit, kooritud ja tükeldatud
- 1 sibul, hakitud
- 2 küüslauguküünt, hakitud
- 1-tolline tükk värsket ingverit, kooritud ja hakitud
- 4 tassi köögiviljapuljongit
- 1 tass kookospiima
- 2 spl oliiviõli
- Sool ja pipar, maitse järgi
- Värske koriander, hakitud, kaunistamiseks (valikuline)

JUHISED:
a) Kuumuta suures potis keskmisel kuumusel oliiviõli. Lisa hakitud sibul, hakitud küüslauk ja hakitud ingver ning prae pehmeks, umbes 5 minutit.
b) Lisa potti tükeldatud apteegitill, tükeldatud porgand ja köögiviljapuljong. Kuumuta keemiseni, seejärel alanda kuumust, kata ja hauta, kuni köögiviljad on pehmed, umbes 20 minutit.
c) Püreesta supp saumikseri abil ühtlaseks. Teise võimalusena tõsta supp partiidena blenderisse ja blenderda ühtlaseks massiks.
d) Sega juurde kookospiim, maitsesta soola ja pipraga. Kuumuta läbi, aga ära keeda.
e) Vala supp kaussidesse, soovi korral kaunista hakitud värske koriandriga ja serveeri kuumalt.

68. Kreemjas apteegitilli ja kartulisupp

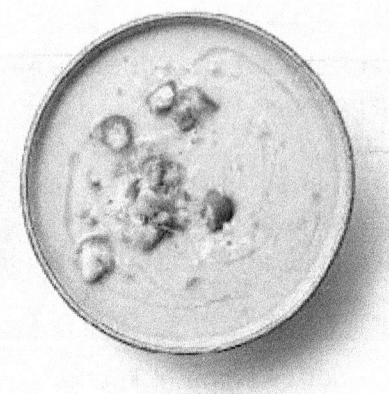

KOOSTISOSAD:
- 2 apteegitilli sibulat, õhukeselt viilutatud
- 2 suurt kartulit, kooritud ja kuubikuteks lõigatud
- 1 sibul, hakitud
- 4 tassi köögiviljapuljongit
- 1 tass rasket koort
- 2 spl võid
- Sool ja pipar, maitse järgi
- Värske murulauk, hakitud, kaunistuseks

JUHISED:
a) Suures potis sulata keskmisel kuumusel või. Lisa hakitud sibul ja küpseta läbipaistvaks.
b) Lisa potti õhukesteks viiludeks lõigatud apteegitill ja kuubikuteks lõigatud kartul. Keeda 5 minutit, aeg-ajalt segades.
c) Vala potti köögiviljapuljong ja aja keema. Alanda kuumust ja hauta 20-25 minutit või kuni kartulid on pehmed.
d) Püreesta supp saumikseri abil ühtlaseks. Teise võimalusena tõsta supp blenderisse ja blenderda partiidena ühtlaseks massiks.
e) Sega juurde rõõsk koor ja maitsesta maitse järgi soola ja pipraga. Kuumuta läbi, aga ära keeda.
f) Tõsta kreemjas apteegitilli- ja kartulisupp kaussidesse. Enne serveerimist kaunista hakitud värske murulauguga.

69.Maitsestatud apteegitilli ja läätsesupp

KOOSTISOSAD:
- 2 apteegitilli sibulat, hakitud
- 1 sibul, hakitud
- 2 küüslauguküünt, hakitud
- 1 tass kuivatatud rohelisi läätsi, loputatud
- 4 tassi köögiviljapuljongit
- 1 tl jahvatatud köömneid
- 1/2 tl jahvatatud koriandrit
- 1/4 tl jahvatatud kurkumit
- Sool ja pipar, maitse järgi
- Värske koriander, hakitud, kaunistuseks

JUHISED:
a) Kuumuta suures potis keskmisel kuumusel oliiviõli. Lisa hakitud sibul ja küpseta läbipaistvaks.
b) Lisa potti hakitud apteegitilli sibulad ja hakitud küüslauk. Keeda 5 minutit, aeg-ajalt segades.
c) Lisa potti kuivatatud rohelised läätsed, köögiviljapuljong, jahvatatud köömned, jahvatatud koriander ja jahvatatud kurkum. Kuumuta keemiseni.
d) Alanda kuumust ja hauta 20-25 minutit või kuni läätsed on pehmed.
e) Maitsesta soola ja pipraga maitse järgi.
f) Valage kaussidesse vürtsikas apteegitill ja läätsesupp. Enne serveerimist kaunista hakitud värske koriandriga.

70. Apteegitilli ja tomati supp basiiliku pestoga

KOOSTISOSAD:
- 2 apteegitilli sibulat, hakitud
- 1 sibul, hakitud
- 2 küüslauguküünt, hakitud
- 1 purk (14 untsi) kuubikuteks lõigatud tomateid
- 4 tassi köögiviljapuljongit
- 2 spl oliiviõli
- Sool ja pipar, maitse järgi
- Basiiliku pesto, serveerimiseks

JUHISED:
a) Kuumuta suures potis keskmisel kuumusel oliiviõli. Lisa hakitud sibul ja küpseta läbipaistvaks.
b) Lisa potti hakitud apteegitilli sibulad ja hakitud küüslauk. Keeda 5 minutit, aeg-ajalt segades.
c) Lisa potti tükeldatud tomatid ja köögiviljapuljong. Kuumuta keemiseni.
d) Alanda kuumust ja hauta 20–25 minutit või kuni apteegitill on pehme.
e) Püreesta supp saumikseri abil ühtlaseks. Teise võimalusena tõsta supp blenderisse ja blenderda partiidena ühtlaseks massiks.
f) Maitsesta soola ja pipraga maitse järgi.
g) Valage fenkoli ja tomatisupp kaussidesse. Serveeri koos basiiliku pestoga.

SALATID

71.Siguri- ja tsitruseliste salat hakitud apteegitilliga

KOOSTISOSAD:
- 2 spl punase veini äädikat
- Koššersool ja värskelt jahvatatud must pipar
- 3 spl ekstra neitsioliiviõli, pluss veel niristamiseks
- 1 väike punane sibul, poolitatud ja õhukesteks viiludeks
- 2 nabaapelsini
- Helbeline meresool
- 1 tass õhukeselt viilutatud apteegitilli sibulat
- ½ naela segatud sigurit, kärbitud, lehed eraldatud ja rebitud
- ½ lahtiselt pakitud tassi värskeid lamedate lehtedega peterselli lehti
- ¼ tassi röstitud soolamata pistaatsiapähkleid, tükeldatud

JUHISED:
a) Marineeri sibul. Asetage äädikas suurde kaussi. Klopi sisse 1 tl koššersoola ja ¼ tl pipart. Vispelda aeglaselt sisse supilusikatäis oliiviõli. Lisage sibul ja segage.
b) Jäta 10 minutiks marinaadiks kõrvale.
c) Valmistage apelsinid. Lõika apelsinide üla- ja alaosast väike osa ära, et need saaksid tasaselt seista.
d) Lõigake terava noaga koor (kaasa arvatud sisemus) ära ja seejärel lõigake apelsinid risti ¼ tolli paksusteks ringideks.
e) Laota apelsiniviilud suurele serveerimistaldrikule. Maitsesta helbesoolaga.
f) Lõpeta ja serveeri salat. Lisage sibula kaussi apteegitill, sigur, petersell ja pistaatsiapähklid. Nirista kergelt üle oliiviõliga ning maitsesta soola ja pipraga. Viska kombineerimiseks.
g) Laota salat apelsiniviilude peale ja serveeri.

72.Tuunikala ja valge oa salat

KOOSTISOSAD:
- 2 (15-untsi) purki cannellini või häid ube, loputatud ja nõrutatud
- 3 suurt roma tomatit, seemnetest puhastatud ja tükeldatud (umbes 1 ½ tassi)
- ½ tassi hakitud apteegitilli, jätke alles lehtedega pealsed
- ⅓ tassi hakitud punast sibulat
- ⅓ tassi oranži või punast paprikat
- 1 spl tükeldatud apteegitilli lehtede pealseid
- ¼ tassi ekstra neitsioliiviõli (EVOO)
- 3 spl valge veini äädikat
- 2 spl sidrunimahla
- ¼ teelusikatäit soola
- ¼ teelusikatäit pipart
- 1 (6 untsi) tuunikala praad, lõigatud 1 tolli paksuseks
- soola
- Jahvatatud must pipar
- 1 spl EVOO
- 2 tassi rebitud segatud salatirohelist
- Lehed apteegitilli pealsed

JUHISED:
SALATI JAOKS:
a) Sega suures kausis oad, tomatid, hakitud apteegitill, punane sibul, paprika ja tükeldatud apteegitilli pealsed; kõrvale panema.
b) Vinaigrette jaoks:
c) Sega keeratavas purgis ¼ tassi EVOO-d, äädikat, sidrunimahla, ¼ teelusikatäit soola ja pipart. Katke ja loksutage korralikult.
d) Vala kaste oasegule; viska õrnalt katteks. Lase 30 minutit toatemperatuuril seista.

TUUNIKALT:
e) Puista tuunikala, kui kasutad värsket, soola ja pipraga; kuumuta 1 spl EVOO-d keskmisel või kõrgel kohal.
f) Lisage tuunikala ja küpsetage 8–12 minutit või kuni kala kahvliga kergelt helbeks läheb, keerates üks kord. Murra tuunikala tükkideks.
g) Lisa tuunikala ubade segule; viska kombineerida.
h) Serveerima:
i) Vooderda serveerimisvaagen salatirohelisega ja tõsta oasegu lusikaga rohelistele peale.
j) Soovi korral kaunista täiendavate apteegitilli ülaosadega.

73.Peedi apteegitilli salat

KOOSTISOSAD:
- 3 tassi hakitud rohelisi
- ¼ apteegitilli sibulat, õhukeseks viilutatud
- ½ tassi tükeldatud keedetud brokoli õisikuid
- ½ tassi hakitud peeti
- 1 kuni 2 supilusikatäit ekstra neitsioliiviõli
- ½ sidruni mahl

JUHISED:
a) Segage suures kausis rohelised, apteegitill, brokkoli ja peet.
b) Nirista oliiviõli ja sidrunimahlaga.

74. Goji suvine salat

KOOSTISOSAD:
- 3 sibulat apteegitilli
- 1 peotäis viilutatud mandleid, röstitud
- 2 apelsini
- 2 kuhjaga tassi raketti
- 1 peotäis orgaanilisi Goji marju
- Oliiviõli, sool, pipar

JUHISED:
a) Aseta goji marjad kaussi ja kata veega.
b) Raseerige apteegitill õhukeselt ja asetage see jääveega kaussi.
c) Kuivatage mandlid pannil kuldseks röstimiseks. Kõrvale panema.
d) Koori ja viiluta apelsinid õhukesteks viiludeks.
e) Nõruta apteegitill ja maitsesta Himaalaja soolaga.
f) Nõruta goji marjad ja tõsta kõrvale.
g) Lao serveerimisvaagen järgmises järjekorras: rakett, apelsiniviilud, apteegitill, goji marjad ja kõige peale röstitud mandlid.
h) Kastke maitse järgi oliiviõli, soola ja pipraga.

75.Apteegitilli ja apelsini salat rukolaga

KOOSTISOSAD:
- 2 apteegitilli sibulat, õhukeselt viilutatud
- 2 apelsini, kooritud ja viilutatud
- 4 tassi beebi rukolat
- 1/4 tassi röstitud kreeka pähkleid, hakitud
- 2 spl ekstra neitsioliiviõli
- 1 spl palsamiäädikat
- Sool ja pipar, maitse järgi

JUHISED:
a) Segage suures kausis õhukeseks viilutatud apteegitill, apelsiniviilud ja beebirukola.
b) Kastme valmistamiseks vispelda väikeses kausis ekstra neitsioliiviõli ja palsamiäädikas. Maitsesta soola ja pipraga maitse järgi.
c) Nirista kaste salatile ja viska õrnalt katteks.
d) Enne serveerimist puista salatile röstitud kreeka pähkleid.

76. Raseeritud apteegitilli ja õunasalat

KOOSTISOSAD:
- 2 apteegitilli sibulat, õhukeselt viilutatud
- 2 õuna, õhukeselt viilutatud
- 1/4 tassi hakitud värsket peterselli
- 1 sidruni mahl
- 2 supilusikatäit mett
- 2 spl ekstra neitsioliivõli
- Sool ja pipar, maitse järgi

JUHISED:
a) Sega suures kausis õhukeseks viilutatud apteegitill, viilutatud õunad ja hakitud värske petersell.
b) Kastme valmistamiseks vahustage väikeses kausis kokku sidrunimahl, mesi ja ekstra neitsioliivõli. Maitsesta soola ja pipraga maitse järgi.
c) Nirista kaste salatile ja viska õrnalt katteks.
d) Serveeri kohe raseeritud apteegitilli ja õunasalatit.

77. Apteegitilli, redise ja tsitruseliste salat piparmündiga

KOOSTISOSAD:
- 2 apteegitilli sibulat, õhukeselt viilutatud
- 4 redist õhukesteks viiludeks
- 2 apelsini, kooritud ja viilutatud
- 2 spl hakitud värsket piparmünti
- 2 spl ekstra neitsioliiviõli
- 1 spl valge veini äädikat
- Sool ja pipar, maitse järgi

JUHISED:
a) Sega suures kausis õhukeseks viilutatud apteegitill, viilutatud redis, apelsiniviilud ja hakitud värske piparmünt.
b) Kastme valmistamiseks vispelda väikeses kausis ekstra neitsioliiviõli ja valge veini äädikas. Maitsesta soola ja pipraga maitse järgi.
c) Nirista kaste salatile ja viska õrnalt katteks.
d) Serveerige apteegitilli, redise ja tsitruseliste salat kohe.

78.Apteegitilli, avokaado ja greibi salat

KOOSTISOSAD:
- 2 apteegitilli sibulat, õhukeselt viilutatud
- 1 avokaado, tükeldatud
- 1 greip, kooritud ja segmenteeritud
- 1/4 tassi röstitud viilutatud mandleid
- 2 spl mooniseemneid
- 2 supilusikatäit mett
- 2 spl õunasiidri äädikat
- 1/4 tassi ekstra neitsioliiviõli
- Sool ja pipar, maitse järgi

JUHISED:
a) Sega suures kausis õhukeseks viilutatud apteegitill, tükeldatud avokaado, greibilõigud ja röstitud viilutatud mandlid.
b) Kastme valmistamiseks vispelda väikeses kausis mooniseemned, mesi, õunasiidri äädikas ja ekstra neitsioliiviõli. Maitsesta soola ja pipraga maitse järgi.
c) Nirista kaste salatile ja viska õrnalt katteks.
d) Serveerige apteegitilli, avokaado ja greibi salat kohe.

79. Apteegitilli, peedi ja kitsejuustu salat

KOOSTISOSAD:
- 2 apteegitilli sibulat, õhukeselt viilutatud
- 2 keskmist peeti, röstitud ja õhukesteks viiludeks
- 4 untsi kitsejuustu, purustatud
- 1/4 tassi hakitud kreeka pähkleid, röstitud
- 2 spl palsamiäädikat
- 1/4 tassi ekstra neitsioliiviõli
- Sool ja pipar, maitse järgi

JUHISED:
a) Sega suures kausis õhukeseks viilutatud apteegitill, röstitud ja õhukesteks viiludeks lõigatud peet, murendatud kitsejuust ja röstitud kreeka pähklid.
b) Kastme valmistamiseks vispelda väikeses kausis kokku palsamiäädikas ja ekstra neitsioliiviõli. Maitsesta soola ja pipraga maitse järgi.
c) Nirista kaste salatile ja viska õrnalt katteks.
d) Serveeri kohe apteegitilli, peedi ja kitsejuustu salat.

80. Tsitrusviljade apteegitilli salat mee-laimi kastmega

KOOSTISOSAD:
- 2 apteegitilli sibulat, õhukeselt viilutatud
- 2 apelsini, kooritud ja viilutatud
- 1 greip, kooritud ja viilutatud
- 1/4 tassi hakitud värsket koriandrit
- 2 laimi mahl
- 2 supilusikatäit mett
- 2 spl ekstra neitsioliiviõli
- Sool ja pipar, maitse järgi

JUHISED:
a) Segage suures kausis õhukeseks viilutatud apteegitill, apelsiniviilud, greibiviilud ja hakitud värske koriander.
b) Kastme valmistamiseks vahustage väikeses kausis kokku laimimahl, mesi ja ekstra neitsioliiviõli. Maitsesta soola ja pipraga maitse järgi.
c) Nirista kaste salatile ja viska õrnalt katteks.
d) Serveeri tsitruseliste apteegitilli salat kohe.

81. Apteegitilli, granaatõuna ja kinoa salat

KOOSTISOSAD:
- 2 apteegitilli sibulat, õhukeselt viilutatud
- 1 tass keedetud kinoat
- 1/2 tassi granaatõunaarilli
- 1/4 tassi hakitud värsket peterselli
- 1/4 tassi tahini
- 1 sidruni mahl
- 2 spl vett
- 1 küüslauguküüs, hakitud
- Sool ja pipar, maitse järgi

JUHISED:
a) Segage suures kausis õhukesteks viiludeks lõigatud apteegitill, keedetud kinoa, granaatõunaarilid ja hakitud värske petersell.
b) Kastme valmistamiseks vispelda väikeses kausis tahini, sidrunimahl, vesi, hakitud küüslauk, sool ja pipar.
c) Nirista kaste salatile ja viska õrnalt katteks.
d) Serveerige apteegitilli, granaatõuna ja kinoa salat kohe.

MAGUSTOIT

82. Apteegitilli Tres Lechesi kook suviste marjadega

KOOSTISOSAD:
KÄVSSIKOOK:
- 1 ½ tassi universaalset jahu
- 1 spl küpsetuspulbrit
- 1 tl kaneeli
- ½ tl apteegitilli seemet, röstitud ja jahvatatud
- ½ tl koriandri seemet, röstitud ja jahvatatud
- 6 munavalget
- 1 tl soola
- 1½ tassi granuleeritud suhkrut
- 3 munakollast
- 2½ tl vaniljeekstrakti
- ½ tassi piima
- 6 spl piimapulbrit

TRES LECHES SOAK:
- 1 tass täispiima
- 4 spl piimapulbrit, röstitud (reserveeritud rullbiskviidi retsepti järgi)
- 12 untsi võib aurustunud piima
- 14 untsi võib kondenspiima

MATSEREERITUD MARJAD:
- ½ tassi vett
- ½ tassi suhkrut
- Apteegitilli lehed 1 sibulast, jagatud
- 18 untsi teie valitud marju, jagatud pooleks
- 1 spl sidrunimahla

VAHUKOOR:
- 1 tass rasket koort
- ½ tassi granuleeritud suhkrut
- 2 spl petipiima
- Näputäis soola

JUHISED:
KÄVSSIKOOK:
a) Rösti vürtse 325-kraadises ahjus 8–10 minutit, seejärel jahvata maitseaineveski, uhmri ja nuiaga või blenderiga.
b) Kuumuta ahi 300 kraadini.
c) Lisage kuumakindlale pannile 6 spl piimapulbrit ja asetage see ahju. Segage ja pöörake iga 5 minuti järel, kuni pulber on liivavärvi.
d) Tõsta kuumust 350 kraadini.
e) Vooderda 9x13-tolline koogivorm küpsetuspaberiga; määri pärgament hästi pihusti või õliga.
f) Sõelu jahu, küpsetuspulber, kaneel, apteegitill ja koriander suurde segamisnõusse ning vispelda.
g) Pane munavalged ja sool statsionmikseri kaussi ning sega vispliga keskmisel kiirusel vahuseks. Jätka vahustamist, kuni see muutub kohevaks ja valged hoiavad pehmeid tippe.
h) Puista granuleeritud suhkur aeglaselt jooksvasse mikserisse ja jätka vahustamist, kuni valged moodustavad keskmise tipu.
i) Mikseri töötamise ajal valage ükshaaval sisse munakollased ja seejärel vanill, segades kuni segunemiseni.
j) Vispelda 2 spl röstitud piimapulbrit piima hulka. Pange ülejäänud piimapulber hilisemaks kasutamiseks kõrvale.
k) Eemalda besee segistist ja voldi pool kuivsegust kummilabidaga sisse.
l) Valage pool piimasegust ja jätkake voltimist, pöörates kaussi ja voltides päripäeva keskelt serva poole.
m) Lisa ülejäänud kuivained ja jätka voltimist. Lisa ülejäänud piimasegu ja sega ühtlaseks, jälgides, et mitte üle segada.
n) Aseta tainas ettevalmistatud pannile ja silu spaatliga nurkadesse.
o) Küpseta 10–12 minutit, iga 5 minuti järel pöörates, et tagada ühtlane küpsemine.
p) Eemaldage ahjust, kui kook on ühtlaselt pruunistunud ja servad tõmbuvad vormi küljest veidi eemale.
q) Lase jahtuda toatemperatuurini.

TRES LECHES SOAK:
r) Lisage segistis piim, ülejäänud röstitud piimapulber, aurutatud piim ja kondenspiim. Sega lisamiseks.

s) Vala koogile ja pane leotatud kook serveerimiseni külmkappi.

MATSEREERITUD MARJAD:
t) Aja kastrulis vesi keema, seejärel lisa suhkur. Klopi segamiseks.
u) Lisage helde peotäis erkrohelisi apteegitilli lehti, jättes mõned kaunistuseks. Eemaldage kuumusest ja laske infundeerida, kuni siirup on jahtunud toatemperatuurini.
v) Kurna siirup.
w) Umbes 30 minutit enne serveerimist leotage pooled marjad siirupis ja sidrunimahlas. Ülejäänud marjad jäta kaunistuseks alles.

VAHUKOOR:
x) Lisage vispliga segistis koor, suhkur, petipiim ja sool ning segage keskmise kiirusega, kuni moodustuvad keskmised tipud.
y) Tõsta serveerimiseks külmkappi.

KOOSTAMINE:
z) Lõika Tres Lechesi kook viiludeks. Valage iga viil vahukoorega, seejärel kaunistage värskete marjade, leotatud marjade ja apteegitilli lehtedega.

83.Röstitud pirni ja sinihallitusjuustu suflee

KOOSTISOSAD:
- Peotäis kuivatatud riivsaia
- 2 tahket magustoidupirni, 1 kooritud, 1 jäetud koorimata, neljaks lõigatud
- 50 g võid
- 2 tl pehmet pruuni suhkrut
- 4 värsket tüümianioksa, pluss 2 lisaks
- Suitsutatud sool
- 1½ supilusikatäit tavalist jahu
- 125 ml täispiima, soojendatud
- 2 suurt vabapidamisel muna, eraldatud
- 75g kreemjat sinihallitusjuustu, murendatud

Mõru LEHESALATI JAOKS
- 1 sigur, lehed eraldatud
- ½ apteegitilli sibulat, õhukeselt viilutatud
- Peotäis kressi- ja raketilehti
- Peotäis kreeka pähkleid, jämedalt hakitud

RIIDEMISEKS
- 1½ supilusikatäit ekstra neitsioliiviõli
- 1 tl Dijoni sinepit
- 2 tl valge veini äädikat

JUHISED:

a) Puista riivsaia võiga määritud ahjuvormi, keerake seest katteks. Kuumuta ahi 200°C-ni.
b) Pane kõik pirniviilud pannile kõrgel kuumusel koos 25 g või, suhkru, tilga vee ja tüümianiga.
c) Kuumuta keemiseni, seejärel alanda veidi kuumust ja küpseta 15-20 minutit või kuni see on pehme ja karamelliseerunud.
d) Maitsesta suitsusoola ja jahvatatud musta pipraga. Tõsta veidi jahtuma.
e) Samal ajal kuumuta pannil ülejäänud või. Kui see vahutab, sega juurde jahu ja küpseta spaatliga segades 3-4 minutit, kuni tunneb küpsise lõhna.
f) Tõsta pann tulelt ja klopi sisse soe piim ühtlaseks massiks. Hauta vaikselt 3–4 minutit, segades, kuni see on ühtlane ja paks.
g) Tõsta pann tulelt ning sega hulka munakollased ja pool sinihallitusjuustust. Pange pooled pirnid ettevalmistatud tassi.
h) Vahusta munavalged puhtas segamiskausis elektrilise saumikseriga, kuni need jäävad keskmise jäikusega tippu.
i) Sega 1 supilusikatäis munavalget munakollasesegu hulka, et see lahti saada, seejärel voldi ülejäänud osa metalllusikaga õrnalt, kuid hoogsalt sisse.
j) Vala vormi ja tõsta peale ülejäänud juust.
k) Küpseta 18-20 minutit, kuni see on paisunud, kuid kergelt võbiseb.
l) Vahepeal sega salati koostisosad ülejäänud pirnidega.
m) Vahusta kastme ained, nirista salatile ja maitsesta musta pipraga.
n) Serveeri kohe suflee, puista peale lisatüümiani, soovi korral koos salati ja koorikuga leivaga.

84.Apteegitilli ja apelsini sorbett

KOOSTISOSAD:
- 2 tassi vett
- 1 tass granuleeritud suhkrut
- 2 apteegitilli sibulat, õhukeselt viilutatud
- 2 apelsini koor ja mahl

JUHISED:
a) Sega kastrulis vesi ja suhkur. Kuumuta keskmisel kuumusel segades, kuni suhkur on lahustunud.
b) Lisa kastrulisse viilutatud apteegitilli sibulad ja lase segul keema tõusta. Hauta umbes 5 minutit.
c) Tõsta kastrul tulelt ning sega hulka apelsinikoor ja -mahl.
d) Laske segul jahtuda toatemperatuurini, seejärel viige see segistisse. Blenderda ühtlaseks.
e) Kurna segu kuivainete eemaldamiseks läbi peene sõela.
f) Kalla kurnatud segu jäätisemasinasse ja klopi vastavalt tootja juhistele, kuni saavutab sorbeti konsistentsi.
g) Tõsta sorbett anumasse ja pane enne serveerimist vähemalt 4 tunniks sügavkülma.

85.Apteegitill ja mesi Panna Cotta

KOOSTISOSAD:
- 2 tassi rasket koort
- 1/4 tassi mett
- 2 tl želatiinipulbrit
- 2 spl vett
- 1 apteegitilli sibul, õhukeselt viilutatud

JUHISED:
a) Kuumuta potis koort ja mett keskmisel kuumusel, kuni see hakkab lihtsalt podisema, aeg-ajalt segades.
b) Piserdage väikeses kausis želatiinipulber vee peale ja laske sellel paar minutit õitseda.
c) Lisa kooresegule õhukesteks viiludeks lõigatud apteegitilli sibul ja hauta umbes 5 minutit.
d) Tõsta kastrul tulelt ja kurna apteegitilli viilud välja.
e) Tõsta kooresegu tagasi kastrulisse ja klopi sisse õitsenud želatiin, kuni see on täielikult lahustunud.
f) Jaga segu serveerimisklaaside või ramekiinide vahel ja pane külmkappi vähemalt 4 tunniks või kuni taheneb.
g) Serveeri panna cotta jahtunult, soovi korral apteegitilli lehega kaunistatud.

86.Apteegitilli ja sidruni muretaigna küpsised

KOOSTISOSAD:
- 1 tass soolata võid, pehmendatud
- 1/2 tassi granuleeritud suhkrut
- 2 tassi universaalset jahu
- 1 sidruni koor
- 2 tl peeneks hakitud apteegitilli seemneid

JUHISED:
a) Kuumuta ahi temperatuurini 350 °F (175 °C) ja vooderda küpsetusplaat küpsetuspaberiga.
b) Vahusta suures segamiskausis pehme või ja granuleeritud suhkur heledaks ja kohevaks vahuks.
c) Lisa kaussi jahu, sidrunikoor ja peeneks hakitud apteegitilli seemned. Sega kuni moodustub tainas.
d) Rulli tainas jahusel pinnal umbes 1/4 tolli paksuseks. Soovitud kujundite lõikamiseks kasutage küpsiselõikureid.
e) Aseta küpsised ettevalmistatud ahjuplaadile ja küpseta eelkuumutatud ahjus 10-12 minutit või kuni servad on kergelt kuldsed.
f) Lase küpsistel mõni minut küpsetusplaadil jahtuda, enne kui tõstad need restile täielikult jahtuma.
g) Pärast jahtumist on küpsised serveerimiseks ja nautimiseks valmis!

87. Apteegitilli ja mandli kook

KOOSTISOSAD:
- 1 tass universaalset jahu
- 1 tl küpsetuspulbrit
- 1/4 teelusikatäit soola
- 1/2 tassi soolata võid, pehmendatud
- 1/2 tassi granuleeritud suhkrut
- 2 suurt muna
- 1/4 tassi piima
- 1/2 tl mandli ekstrakti
- 1 apteegitilli sibul, peeneks riivitud
- 1/4 tassi viilutatud mandleid
- tuhksuhkur, tolmutamiseks (valikuline)

JUHISED:
a) Kuumuta ahi temperatuurini 350 °F (175 °C) ja määri 9-tolline ümmargune koogivorm.
b) Sega keskmises kausis kokku universaalne jahu, küpsetuspulber ja sool. Kõrvale panema.
c) Vahusta suures segamiskausis pehme või ja granuleeritud suhkur heledaks ja kohevaks vahuks.
d) Klopi ükshaaval sisse munad, kuni need on hästi segunenud. Sega juurde mandliekstrakt.
e) Lisa kuivained järk-järgult märgadele koostisainetele vaheldumisi piimaga ja sega, kuni need on lihtsalt segunenud.
f) Voldi sisse peeneks riivitud apteegitilli sibul, kuni see jaotub ühtlaselt kogu taignas.
g) Vala tainas ettevalmistatud koogivormi ja silu pealt spaatliga ühtlaseks. Puista peale viilutatud mandlid ühtlaselt.
h) Küpseta eelkuumutatud ahjus 30-35 minutit või kuni keskele torgatud hambaork tuleb puhtana välja.
i) Lase koogil 10 minutit pannil jahtuda, seejärel tõsta see restile täielikult jahtuma.
j) Pärast jahtumist puista koogi pealmine osa enne viilutamist ja serveerimist tuhksuhkruga.

MAITSED

88. Marineeritud granaatõun, apteegitill ja kurk

KOOSTISOSAD:
- ½ tassi õunasiidri äädikat
- 1 spl agaavisiirupit
- ¼ teelusikatäit peent meresoola
- 1 tl purustatud terveid koriandriseemneid
- 1 oksake värsket rosmariini
- ½ tassi õhukeselt viilutatud punast sibulat
- ¾ tassi inglise kurki, viilutatud ¼-tollisteks 1-tollisteks pulkadeks
- ½ tassi viilutatud apteegitilli
- 1 tass POM granaatõunaarilsi

JUHISED:
a) Segage segamisnõus õunasiidri äädikas, agaavisiirup, sool, purustatud koriandriseemned ja rosmariin. Sega segu, purusta lusikaga kergelt rosmariini.
b) Lisage kaussi köögiviljad ja POM Granaatõunaarils, segades, et need kattuksid marineerimisvedelikuga. Laske segul 15–20 minutit seista, aeg-ajalt segades.
c) Marineeritud segu säilib külmkapis kuni nädal. Serveeri seda kreekerite või crostini'ga koos juustuga.

89. Apteegitilli mango hapukurk

KOOSTISOSAD:
- 2 tassi toorest mangot, kooritud ja tükeldatud
- ½ tassi sinepiõli
- 1 spl sinepiseemneid
- 1 tl lambaläätse seemneid
- 1 tl apteegitilli seemneid
- 1 tl kurkumit
- 1 spl punase tšilli pulbrit
- 1 spl soola
- 1 spl jaggeri (valikuline, magususe jaoks)

JUHISED:
a) Kuumutage sinepiõli, kuni see suitseb, seejärel laske sellel veidi jahtuda.
b) Rösti pannil sinepiseemned, lambaläätse seemned ja apteegitilli seemned lõhnavaks. Jahvata need jämedaks pulbriks.
c) Segage jahvatatud vürtsipulber kurkumi, punase tšilli pulbri, soola ja jaggeriga.
d) Sega kausis kuubikuteks lõigatud toores mango vürtsiseguga.
e) Vala veidi jahtunud sinepiõli mangosegule ja sega korralikult läbi.
f) Tõsta mangohapukurk puhastesse purkidesse, sule tihedalt ja lase enne serveerimist paar päeva laagerduda.

90.Apteegitilli ananassi hapukurk

KOOSTISOSAD:
- 2 tassi ananassi, tükeldatud
- ½ tassi valget äädikat
- ½ tassi suhkrut
- 1 tl sinepiseemneid
- 1 tl apteegitilli seemneid
- 1 tl punaseid tšillihelbeid
- ½ tl kurkumit
- ½ tl musta soola

JUHISED:
a) Sega potis valge äädikas, suhkur, sinepiseemned, apteegitilli seemned, punased tšillihelbed, kurkum ja must sool. Kuumuta kuni suhkur lahustub.
b) Lisa kastrulisse kuubikuteks lõigatud ananass ja hauta, kuni ananass veidi pehmeneb.
c) Enne puhastesse purkidesse viimist laske magusal ja vürtsikal ananassikurgil jahtuda. Sulgege ja jahutage.
d) See hapukurk on maitsev grill-liha kõrvale või seda saab nautida ka eraldi.

91.Kiivi ja apteegitilli hapukurk

KOOSTISOSAD:
- 4-5 küpset kiivit, kooritud ja kuubikuteks lõigatud
- 1 spl sinepiseemneid
- 1 tl apteegitilli seemneid
- 1 tl köömneid
- ½ tl kurkumipulbrit
- ½ tl punase tšilli pulbrit (maitse järgi)
- 1 spl ingverit, peeneks hakitud
- 2-3 küüslauguküünt, hakitud
- ½ tassi valget äädikat
- 2 spl suhkrut
- Soola maitse järgi
- 2 spl taimeõli

JUHISED:
a) Koorige kiivid ja lõigake need väikesteks tükkideks.
b) Kuivatage väikesel pannil sinepiseemneid, apteegitilliseemneid ja köömneid, kuni need vabastavad oma aroomi. Jahvata need jämedaks pulbriks.
c) Kuumuta kastrulis keskmisel kuumusel taimeõli. Lisa hakitud ingver ja hakitud küüslauk. Hauta kuni lõhnab.
d) Lisa jahvatatud vürtsipulber, kurkumipulber ja punase tšilli pulber. Sega hästi kokku.
e) Lisa vürtsisegule kuubikuteks lõigatud kiivid. Sega õrnalt, et kiivid oleks vürtsidega kaetud.
f) Vala sisse valge äädikas ja lisa suhkur. Sega korralikult läbi ja lase podiseda umbes 5-7 minutit, kuni kiivid kergelt pehmenevad.
g) Maitske hapukurki ja kohandage soola ja suhkrut vastavalt oma eelistustele. Hauta veel paar minutit, kuni maitsed sulavad.
h) Enne puhtasse õhukindlasse purki viimist laske kiivihapukurgil täielikult jahtuda. Enne tarbimist hoia vähemalt paar tundi külmkapis.

92. Apteegitilli ja õuna chutney

KOOSTISOSAD:
- 2 apteegitilli sibulat, peeneks tükeldatud
- 2 õuna, kooritud, puhastatud südamikust ja peeneks tükeldatud
- 1 sibul, peeneks hakitud
- 1/2 tassi õunasiidri äädikat
- 1/4 tassi pruuni suhkrut
- 1/4 tassi rosinaid
- 1 tl jahvatatud ingverit
- 1/2 tl jahvatatud kaneeli
- 1/4 tl jahvatatud nelki
- Sool, maitse järgi

JUHISED:
a) Sega kastrulis keskmisel kuumusel kõik koostisosad kokku.
b) Lase segul keema tõusta, seejärel alanda kuumust madalale.
c) Laske chutneyl aeg-ajalt segades küpseda, kuni see pakseneb ja maitsed segunevad, umbes 30–40 minutit.
d) Kui chutney saavutab soovitud konsistentsi, eemaldage see tulelt ja laske täielikult jahtuda.
e) Tõsta chutney steriliseeritud purkidesse ja hoia külmkapis. Seda saab säilitada mitu nädalat.

93.Apteegitilli ja apelsini marmelaad

KOOSTISOSAD:
- 2 apteegitilli sibulat, õhukeselt viilutatud
- 2 apelsini, koor ja mahl
- 1 sidrun, koor ja mahl
- 2 tassi granuleeritud suhkrut
- 1/2 tassi vett

JUHISED:
a) Sega suures potis viilutatud apteegitill, apelsinikoor ja -mahl, sidrunikoor ja -mahl, suhkur ja vesi.
b) Kuumuta segu keskmisel-kõrgel kuumusel keemiseni, seejärel alanda kuumust ja hauta umbes 1 tund aeg-ajalt segades.
c) Jätkake küpsetamist, kuni segu pakseneb ja saavutab soovitud konsistentsi.
d) Kui marmelaad on valmis, tõsta see tulelt ja lase veidi jahtuda.
e) Tõsta marmelaad steriliseeritud purkidesse ja sule tihedalt. Enne külmikusse asetamist laske sellel täielikult jahtuda. Seda saab säilitada mitu kuud.

94. Apteegitilli ja sinepi maitse

KOOSTISOSAD:
- 2 apteegitilli sibulat, peeneks hakitud
- 1/2 tassi sinepiseemneid
- 1/4 tassi valge veini äädikat
- 2 supilusikatäit mett
- 1 tl jahvatatud kurkumit
- Sool, maitse järgi

JUHISED:
a) Rösti sinepiseemneid kuival pannil keskmisel kuumusel, kuni need muutuvad lõhnavaks, umbes 2–3 minutit.
b) Sega kastrulis hakitud apteegitill, röstitud sinepiseemned, valge veini äädikas, mesi, jahvatatud kurkum ja sool.
c) Kuumuta segu keemiseni, seejärel alanda kuumust ja hauta umbes 20-25 minutit või kuni apteegitill on pehme ja segu pakseneb.
d) Tõsta roog tulelt ja lase täielikult jahtuda.
e) Tõsta maitseaine steriliseeritud purkidesse ja säilita külmikus. Seda saab säilitada mitu nädalat.

JOOGID

95. Vaarika ja apteegitilli limonaad

KOOSTISOSAD:
- 8 untsi vett
- 8 untsi vaarikaid + lisa kaunistuseks
- 4 spl suhkrut
- 1 tl apteegitilli seemneid
- 2 sidruni mahl
- jahutatud vesi

JUHISED:
a) Sega potis või kastrulis vaarikad suhkru, apteegitilli seemnete ja veega ning keeda mõõdukal kuumusel.
b) Küpseta, kuni vaarikad on viljakad.
c) Laske sellel jahtuda toatemperatuurini.
d) Blenderda vaarikasegu ühtlaseks püreeks. Kurna ja sega hulka sidrunimahl.
e) Serveeri, valatult jahutatud veega.
f) Kaunista reserveeritud vaarikatega.

96. Roosi, cantaloupe ja apteegitilli värskendaja

KOOSTISOSAD:
- 1 tass cantaloupe tükid
- 1 spl estragoni
- Söödavad roosi kroonlehed
- 2 liitrit filtreeritud vett
- ½ apteegitilli sibulat, õhukeselt viilutatud

JUHISED:
a) Pange koostisosad klaaspudelisse.
b) Pane mõneks tunniks külmkappi tahenema.

97. Kummeli ja apteegitilli tee

KOOSTISOSAD:
- 1 tl kummeliõisi
- 1 tl apteegitilli seemneid
- 1 tl nurmenukku
- 1 tl vahukommi juur, peeneks hakitud
- 1 tl raudrohi

JUHISED:
a) Pane ürdid teekannu.
b) Keeda vesi ja lisa teekannu.
c) Lase 5 minutit tõmmata ja serveeri.
d) Joo 1 kruus infusiooni 3 korda päevas.

98. Apelsini-apteegitilli kombucha

KOOSTISOSAD:
- 16 tassi musta kombucha teed
- 4 supilusikatäit apteegitilli seemneid
- 3 supilusikatäit suhkrustatud ingverit, hakitud
- 1 spl kuivatatud apelsinikoort

JUHISED:
a) Lisa gallonisuuruses purki kombucha, apteegitilli seemned, suhkrustatud ingver ja kuivatatud apelsinikoor.
b) Kata purk tihedalt kaanega ja lase aromaatsed ained toatemperatuuril 24 tundi leotada.
c) Kurna kombucha ürtide eemaldamiseks.
d) Valage kombucha lehtri abil pudelitesse, jättes pudelikaelasse tolli vaba ruumi. Sulgege pudelid korgiga ja asetage need sooja kohta, umbes 72 °F, käärima 48 tundi.
e) Hoidke 1 pudelit külmkapis 6 tundi, kuni see on põhjalikult jahtunud.
f) Ava pudel ja maitse oma kombuchat. Kui see on kihisev, siis jahutage kõik pudelid käärimise peatamiseks.
g) Kui soovitud kihisemine ja magusus on saavutatud, jahutage kõik pudelid käärimise peatamiseks.
h) Kurna enne serveerimist, et eemaldada pärmikiud ja maitseaine.

99. Lavendli- ja apteegitilliseemnete tee

KOOSTISOSAD:
- 1 tass vett
- ½ tl lavendli pungad
- paar kuivatatud roosi kroonlehte
- 10-12 piparmündilehte
- ½ tl apteegitilli seemneid

JUHISED:
a) Kuumutage vett veekeetjas või pannil, kuni see hakkab keema.
b) Lisage kohvipressi lavendlipungad, roosi kroonlehed, apteegitilli seemned ja piparmündilehed.
c) Lisa kuum vesi.
d) Laske segul 4 minutit tõmmata.
e) Vajutage kolb alla.
f) Serveeri teed tassis.

100. Apteegitilli seemnete karminatiivne tee

KOOSTISOSAD:
- 1 tass vett
- 1 spl apteegitilli seemneid

JUHISED:
a) Lase vesi ja apteegitilli seemned keema .
b) Laske 15 minutit seista .

KOKKUVÕTE

Kui lõpetame oma reisi läbi apteegitilli maailma, loodan, et see kokaraamat on inspireerinud teid uurima selle alahinnatud koostisosa maitset ja mitmekülgsust oma köögis. " Ülimaalne Apteektili Kokapaamat " on koostatud kirega tähistada apteegitilli ainulaadset maitset ja kulinaarset potentsiaali, pakkudes mitmekesist valikut retsepte, mis sobivad igale maitsele ja sündmusele.

Aitäh, et liitusite minuga sellel kulinaarsel seiklusel. Olgu teie köök täidetud röstitud apteegitilli veetleva aroomiga, hakitud apteegitilli salatite värskendava krõmpsuga ja apteegitilliga maitsestatud pearoogade maitsva maitsega. Olenemata sellest, kas lisate apteegitilli klassikalistesse retseptidesse või katsetate uut kulinaarset loomingut, võib iga suupiste tähistada selle mitmekülgse ja maitsva koostisosa maitsvat maitset.

Kuni taaskohtumiseni, head kokkamist ja teie kulinaarsed seiklused inspireerivad ja rõõmustavad jätkuvalt. Tervist apteegitilli imelisele maailmale ja lõpututele võimalustele, mida see meie laudadele toob!

www.ingramcontent.com/pod-product-compliance
Lightning Source LLC
Chambersburg PA
CBHW071326110526
44591CB00010B/1040